2024年 中国农作物种业发展报告

农业农村部种业管理司
全国农业技术推广服务中心　编
农业农村部科技发展中心

中国农业科学技术出版社

图书在版编目（CIP）数据

2024年中国农作物种业发展报告 / 农业农村部种业管理司，全国农业技术推广服务中心，农业农村部科技发展中心编 . -- 北京：中国农业科学技术出版社，2024.7. --ISBN 978-7-5116-6934-6

Ⅰ . F324.6

中国国家版本馆CIP数据核字第2024DD3252号

责任编辑	任玉晶　刁　毓
责任校对	马广洋
责任印制	姜义伟　王思文

出 版 者	中国农业科学技术出版社
	北京市中关村南大街12号　　邮编：100081
电　　话	（010）82106641（编辑室）（010）82106624（发行部）
	（010）82109709（读者服务部）
网　　址	https:// castp.caas.cn
经 销 者	各地新华书店
印 刷 者	北京地大彩印有限公司
开　　本	210 mm×285 mm　1/16
印　　张	8
字　　数	177千字
版　　次	2024年7月第1版　2024年7月第1次印刷
定　　价	180.00元

◀━━━ 版权所有·侵权必究 ━━━▶

2024年中国农作物种业发展报告 编审委员会

主　任： 刘莉华

副主任： 魏启文　李　岩

委　员：

孙好勤	谢　焱	杨海生	储玉军	张冬晓	何庆学
王兆国	王　枞	陶伟国	吴凯锋	张　晔	王玉玺
金石桥	张力科	曾　波	李荣德	唐　浩	张秀杰
张延秋	蒋协新	马淑萍	邓光联	李立秋	宁明宇
田伟红	郭　涛	王以中	黄生斌	车晓勇	郭云峰
李联习	陈　琦	阴埝埝	杨　军	王　刚	苏敏莉
李　磊	董书权	梁向军	杨洪明	付兴军	邢海军
陈昕来	楼坚锋	薛艳凤	毛从亚	郑永利	施俊生
周　策	傅应军	林金华	赵杰樑	刘　翔	陈河云
李月圆	高传杰	王　萌	滕开琼	段志红	郑洪林
蔡义东	宋志荣	刘中国	罗国武	吴晓丹	祁广军
郭烈钟	邱　军	骆凤玲	刘君绍	沈　丽	马　晖
高　捷	张钟亿	徐象国	殷长生	周建平	范东晟
张　昳	吕小瑞	韩文婷	毛建梅	亢建斌	李培贵
张　胜	热甫克提·阿布来提		隆　英	张海芳
侯新河					

编写委员会

主　编： 谢　焱　张　晔　李　岩

副主编： 张冬晓　何庆学　张力科　唐　浩　刘春青　李立望
　　　　　马振国

编写人员（按姓氏笔画排序）：

于　维	万三连	马　新	马广华	马文慧	马泽众	王　敏
王　琪	王　然	王　磊	王术坤	王闽东	王晨宇	方　汭
尹超群	邓　伟	邓　超	厉建萌	史后蕊	史建民	史梦雅
白　岩	吕丽媛	任欣欣	任雪贞	伊江山	向寅嘉	全瑞兰
刘　华	刘　行	刘丰泽	刘丹丹	刘建喜	刘振蛟	刘晓鑫
刘鹏魁	江军梁	江青贵	许祖革	许晓庆	孙　全	孙　雯
孙立华	孙夜晴	孙海艳	孙梦洁	李　超	李　晶	李友强
李文丽	李红彦	李进伟	李燕敏	肖显超	吴　蔚	吴文雄
吴样孙	余廷海	辛　霞	宋　伟	宋　敏	张　云	张　田
张　丽	张　琦	张　慧	张巧荟	张华颖	张素青	张笑晴
张鹏宇	陈应志	陈其俊	陈昌妹	陈彦清	陈新康	陈璞睿
陈默洹	范会霞	罗陈鹰	罗凯世	钏秀娟	周　华	周晓鹏
忽　瑞	郑　琪	郑　智	郑　强	赵国全	赵建宗	钟　波
侯　乾	饶泉钦	姜振东	洪　露	骆宗强	秦德均	晋　芳
夏云飞	党聪聪	徐　瑶	高　磊	高建新	郭慧杰	唐　亮
唐嘉城	黄铃冰	曹国勋	符　娜	葛兆悦	韩新生	景　琦
傅友兰	谢　卿	强巴曲珍	靖　飞	廖　媛	谭景月	熊　晖
燕　丽	潘　明

目　录

第一篇　主要发展成效 … 1
一、种质资源支撑保障能力显著增强 … 1
二、种业科技创新水平不断提升 … 2
三、优势企业发展呈现良好局面 … 3
四、种源供种保障基础更加稳固 … 4
五、种业市场环境持续优化向好 … 5

第二篇　种业科技创新 … 7
一、农作物种质资源保护利用 … 7
二、农业微生物种质资源保护利用 … 8
三、国家育种联合攻关研究进展 … 9
四、科技创新成果 … 10

第三篇　种子生产与推广 … 25
一、主要农作物种子生产情况 … 25
二、重要农作物种子使用情况 … 32
三、重要农作物种子价格与市值 … 42
四、农作物品种推广情况 … 52
五、农作物种子市场经营备案情况 … 57

第四篇　种业企业发展 … 64
一、总体情况 … 64
二、种业阵型企业发展情况 … 80
三、育繁推一体化种业企业经营情况 … 84
四、瓜菜种业企业经营发展情况 … 86
五、各地种业企业经营发展情况 … 91

第五篇　种业管理与服务 ··· **98**

　　一、管理体系 ··· 98
　　二、品种管理 ·· 107
　　三、市场监管 ·· 110
　　四、基地建设 ·· 111
　　五、信息服务 ·· 113
　　六、行业协会服务 ·· 114

附　录　名词注释及说明 ··· **115**

第一篇 主要发展成效

面对复杂严峻的国内外形势和多发重发的自然灾害，保障我国粮食安全任务更加艰巨，加快推进种业振兴更加紧迫。2023年是实施种业振兴行动"三年打基础"的第三年，各地各有关部门深入贯彻落实党的二十大和习近平总书记重要指示精神，紧盯种业振兴"三年打基础"工作目标，狠抓五大行动措施落实，解决农业生产对优良品种的急迫需求，推动粮油等主要作物大面积单产提升，为粮食和重要农产品稳定安全供给提供了有力支撑。

一、种质资源支撑保障能力显著增强

（一）种质资源普查行动圆满收官

2023年，第三次全国农作物种质资源普查与收集行动如期完成。本次资源普查覆盖了31个省份和新疆生产建设兵团（简称"新疆兵团"）的2 323个农业县（市、区、旗、团场），组织动员全国资源普查人员30多万人，跋山涉水、进村入户开展普查收集行动，摸清资源家底，抢救性保护了大果型猕猴桃等一批珍稀濒危资源，新收集农作物种质资源13.9万份，覆盖了粮、棉、油、糖、果、菜、茶、桑等种类。这些资源99%为地方特色农家种、野生近缘种或种植历史悠久的育成品种，遗传多样性丰富，蕴含着优异基因，增强了我国资源战略储备。

（二）种质资源保护体系逐步完善

2023年，综合考虑资源富集度、生态适应性和功能匹配性等因素，突出长期性、科学性和公益性战略定位，布局建设了一批国家级和省级农业种质资源库，基本构建了国家统筹、分级负责、有机衔接的农业种质资源保护体系。国家作物种质库新库平稳运行，以国家长期库及其复份库为核心，15个中期库、56个种质圃、230余个野生植物原生境保护点为依托，440个省级种质资源库圃为补充的保护体系基本完善，长期保存资源55.67万份。同时，初步形成以1个国家农业微生物种质资源库为中心、26个专业库为支撑的农业微生物种质资源保护体系。

（三）种质资源精准鉴定加速推进

2023年，继续开展大豆、玉米、水稻、小麦等60种农作物种质资源精准鉴定，筛选出一批高产、优质、抗逆的优异种质，库存资源基因型鉴定和表型鉴定比例分别提升到41.1%和24.4%。完成大豆种质资源基因型鉴定2万份，筛选出高产高油、耐密耐荫、抗蚜虫等优异种质220份。完成玉米种质资源基因型鉴定1.65万份，筛选出可供育种利用的优异种质19份。完成水稻种质资源基因型鉴定2.3万份，筛选出高产、抗病虫、抗逆等优异种质283份。完成小麦种质资源基因型鉴定1.8万份，筛选出抗茎基腐病、抗穗发芽等优异种质202份。完成油料作物种质资源基因型鉴定1.6万份，蔬菜作物种质资源基因型鉴定9 320份。

（四）资源共享利用机制不断完善

2023年，印发实施《农作物种质资源共享利用办法（试行）》，明确了国家级库（圃）作为资源共享分发主体必须履行的职责，规范了资源申请获取的条件、程序、数量和具体要求，建立了资源利用反馈和利益共享机制。组织开展优异资源田间展示推介和需求对接活动30余次，公开发布第二批可供利用的农作物种质资源目录，上线运行农作物种质资源共享利用信息系统，共享分发资源13.5万份次，持续提高资源分发利用效率，推动资源加快用于育种创新和产业开发。

二、种业科技创新水平不断提升

（一）育种关键技术取得新突破

2023年，我国种业基础研究与技术创新紧跟国际前沿，重要性状形成机制解析取得一系列重大突破，克隆了一批高产、抗病虫、耐逆、资源高效利用等具有重大育种价值的新基因。在作物遗传育种领域，我国科学家在影响因子4.0以上的40余种期刊上发表论文1 697篇，以第一作者在NATURE、CELL、SCIENCE等国际一流期刊上发表论文18篇。自主开发的基因编辑底盘工具Cas12i和Cas12j加快产业化利用，首个基因编辑高油酸大豆获得生物安全证书。公开种业专利申请11 965件，种业专利授权8 974件。

（二）重大品种选育取得新进展

2023年，农业植物品种权申请量达到14 278件，年度申请量在国际植物新品种保护公约（UPOV）成员中连续七年位居首位。审定主要农作物品种5 686个，登记非主要农作物品种3 085个，授权植物品种权8 385件，品种创新取得丰硕成果。首批51个转基因玉米、大豆品种通过国家审定。国家育种联合攻关团队通过主要农作物品种审定851个、非主要农作物品种登记117个，获得植物新品种权授权477件。其中，全国首个优质抗飞虱杂交水稻品种"玮两优7713"、机收籽粒玉米品种"京农科271"等通过国家审定。鉴定培育短生育期油菜品种"中油995"和"沣油112"，全生育期低于180天，亩产超过150千克。

（三）种业创新要素加速集聚

2023年，一批生物技术类企业、育种技术研发型企业、共性技术平台型企业不断涌现。以华智生物、华大基因为代表的共性技术平台型企业，深度融合生物技术和数据技术（BT+DT），通过基因集成、性状集成、数据集成、材料集成，为育种提供亟需的新基因、新技术、新材料。海南、湖南、河南等地正在加快建设南繁硅谷、岳麓山、中原农谷等高水平种业创新基地，探索建立产学研用育种创新攻关新机制，不断推动人才、技术、资本等种业创新要素集聚。

三、优势企业发展呈现良好局面

（一）企业经营规模稳步提升

2023年，全国种业企业资产总额达到3 273.86亿元，比2022年增长6.66%；实现种子销售收入1 257.77亿元[①]，比2022年增长18.41%。商品种子销售收入1亿元以上的企业有231家，5亿元以上的有26家，10亿元以上的有11家，20亿元以上的有4家。实现利润总额129.81亿元，比2022年增加18.58亿元、增长16.71%，其中种子经营利润108.46亿元，比2022年增加34.89亿元、增长47.42%。种业企业实现净利润总额126.65亿元，比2022年增加19.94亿元、增长18.69%，其中种子经营净利润104.59亿元，比2022年增长34.31%。行业利润率8.23%，比2022年提高1.30个百分点，净资产收益率7.42%，比2022年提高0.83个百分点。

（二）企业创新能力不断增强

2023年，企业研发投入持续增加，在种源关键核心技术攻关、生物育种重大项目和国家育种联合攻关任务中企业牵头比例均超过一半。注册资本3 000万元以上企业科研投入达59.75亿元，比2022年增长23.42%，其中企业自主科研投入53.87亿元，占总投入的90.16%，比2022年增长27.41%，企业已成为种业科研投入的重要力量。国家审定品种中企业占比为72.62%，省级审定品种中企业占比为62.34%。杂交玉米国家审定品种中企业占比为82.77%，杂交水稻国家审定品种中企业占比为83.38%。植物新品种权企业申请量和授权量分别占总数的56.61%和54.35%，种业企业创新主体地位更加凸显。

（三）行业集中度持续提高

2023年，种业投资并购步伐加快，四川、河南等14个省份组建种业集团，国家开发投资集团注资40亿元成立国投种业科技有限公司，领军企业、特色企业、专业化平台企业加速发展。4家

---

① 2023年将种苗销售数据纳入统计范围。

上市挂牌种业公司通过增发募资 7 912.63 万元，62 家非上市种业企业实施外源增资扩股，增资总量达 13.90 亿元。全国育繁推一体化企业增至 144 家，种子销售额达到 424.26 亿元，比 2022 年增加 88.89 亿元、增长 26.51%。商品种子销售额前 10 企业销售额达到 199.79 亿元，比 2022 年增加 45.39 亿元、增长 29.40%。商品种子销售额前 50 企业销售额达到 363.94 亿元，比 2022 年增加 75.99 亿元、增长 26.39%。

（四）阵型企业引领作用明显

2023 年，69 家国家农作物种业阵型企业资产总额达 800.86 亿元，占全部企业的 24.46%，比 2022 年增加 176.58 亿元、增长 28.29%。实现种子销售收入 287.05 亿元，占全部企业的 22.82%，比 2022 年增加 52.94 亿元、增长 22.61%。种子销售利润率达 33.36%，高于全行业 7.85 个百分点。科研总投入为 27.03 亿元，占全部企业的 35.75%，比 2022 年增加 9.65 亿元、增长 55.54%。科研投入占种子销售额的 9.42%，高于全行业 3.41 个百分点，比 2022 年提高 1.94 个百分点。

四、种源供种保障基础更加稳固

（一）基地建设水平加快提升

2023 年，农业农村部、国家发展改革委、财政部、自然资源部、海关总署印发实施《国家南繁硅谷建设规划（2023—2030 年）》。聚焦粮食、大豆油料等重要作物，中央财政安排制种大县奖励资金 20 亿元，支持 106 个大县提升供种保障能力，带动地方资金投入近 10 亿元，撬动企业及社会资本 50 多亿元。实施现代种业提升工程，安排中央预算内投资 7 500 多万元，支持 8 个良种繁育基地项目建设，加快提升基地建设水平。田间基础设施条件不断完善，国家级基地高标准农田占比逐步提高，玉米、水稻、小麦基地达到 80% 以上，小麦、大豆繁种基本实现全程机械化，玉米、水稻制种全程机械化率稳步提高。216 个国家级制种基地种子生产能力稳步提升，供种保障率提高到 75% 以上。

（二）生产用种需求有效保障

2023 年，玉米、水稻、小麦、大豆、棉花、油菜、马铃薯等 7 种作物繁制种面积 3 439.89 万亩[①]，产量 123.78 亿千克[②]，种子供给总量均超过商品种子需求总量。杂交玉米制种面积 462.55 万亩，比 2022 年增加 97.09 万亩、增长 26.57%，新产种子 17.39 亿千克、比 2022 年增长 27.77%。杂交水稻制种面积 216.00 万亩，比 2022 年增加 19.38 万亩、增长 9.86%，新产种子 3.41 亿千克，比 2022 年增长 20.49%；常规水稻繁种面积 239.54 万亩，比 2022 年增加 11.86 万亩、增长 5.21%，新产种子 12.91 亿千克，比 2022 年增长 9.22%。冬小麦繁种面积 1 444.75 万亩，新产种子 69.02 亿千克。大豆繁种面积 639.16 万亩，新产种子 11.52 亿千克。棉花繁制种面积 157.85 万亩，新产种子 1.61 亿千克。马铃薯繁种面积

---

① 1 亩 ≈ 667 m^2，全书同。
② 马铃薯种薯产量按 5∶1 折算。

184.64 万亩，新产种薯 40.14 亿千克。冬油菜繁制种面积 25.34 万亩，新产种子 2 779.42 万千克。

（三）应急保障能力明显增强

2023 年，救灾备荒种子储备制度进一步完善，青海、西藏建立了省级救灾备荒种子储备制度，省级种子储备实现全覆盖。推动国家储备和省级储备有效衔接，调整优化国家救灾备荒储备种子品种结构，全国储备种子 1 亿千克。不断拓宽供种监测范围，全国种子市场观察点数量达到 1 644 个，覆盖 30 多种作物、1 082 个县。针对"烂场雨"对小麦种子生产造成的影响，采取有力措施，精准调度研判，跨区调种调剂，有效保障秋冬种用种需求。加强转基因玉米、大豆种子全程溯源管理，有效保障生物育种产业化试点供种需要。

五、种业市场环境持续优化向好

（一）法治建设深入推进

2023 年，全国人大常委会开展种子法执法检查，全面推动种子法贯彻实施，不断提升依法治种、依法兴种水平。加快推进植物新品种保护条例修订，农业农村部、国家林草局研究起草修订草案，制订实质性派生品种制度实施方案、判定指南及相关技术标准，推动国家水稻、玉米、小麦、大豆育种攻关组先行开展试点。组织开展种业普法宣贯，利用中国种子大会、全国种子双交会等平台开展种子法宣贯活动，发布农业植物新品种保护十大典型案例，努力营造尊法、学法、守法、用法的良好氛围。

（二）市场监管全面加强

2023 年，以种业知识产权保护为重点，组织开展种业监管执法年活动，加大种子质量抽检力度，做到重点地区全覆盖，指导各地做好小麦种子收储加工和质量监管，严防不合格种子入市下田。农业农村部会同最高人民法院共同举办全国种业知识产权保护专题培训、实地开展专题调研，联合公安部等挂牌督办 7 起重大种子违法案件，有力推进种业行政执法与刑事司法有效衔接，加快构建种业知识产权大保护格局。联合海关总署落实种子法规定，强化口岸进出口查验，规范种质资源对外合作和种子进出口行为。全年各地抽检种子样品 8 万余个，种子质量合格率稳定在 98% 以上。

（三）品种管理持续强化

2023 年，修订国家级大豆品种审定标准，进一步提高产量、含油量和抗性指标要求，引导培育高油高产品种。开展主要农作物品种绿色通道和联合体试验专项整治，对 16 个绿色通道、39 个联合体试验责令限期整改，终止 11 个联合体试验审定程序并取消试验资质。首次发布《国家农作物优良品种推广目录（2023 年）》，重点推介 10 种作物、241 个优良品种，推出较为完整、递次推进的品种推广梯队，分类指导优良品种推广应用，助力大面积单产水平提升。持续开展"仿种子"问题治理，依法撤销向日葵、甜瓜、黄瓜等问题品种 912 个，向日葵"仿种子"清理任务基本完成。研究制定品种标准样品管理工作方案，探索推进以"一品种、一名称、一标样、一指纹"为主要内容的品种身份证管理，为种业创新营造良好环境。

（四）种子认证启动实施

2023年，农业农村部联合国家市场监督管理总局印发《关于开展农作物种子认证工作的实施意见》和《农作物种子认证目录（第一批）》《农作物种子认证实施规则（试行）》《农作物种子认证技术规范（试行）》等配套文件，启动实施农作物种子认证制度。在甘肃、内蒙古等玉米大豆国家级制种基地，组织87家重点企业试行开展种子认证，涵盖玉米、大豆等8类作物138个品种，认证面积约14万亩，产出了一批高质量种子。

第二篇　种业科技创新

2023年，圆满完成第三次全国农作物种质资源普查任务，抢救性保护了一批珍稀濒危资源，推进资源鉴定评价和共享利用。加强种业基础性、前沿性研究，组织开展国家育种联合攻关，紧盯生产急迫需求，加快技术创新、品种培育、成果转化，不断提升种业科技创新水平。

一、农作物种质资源保护利用

（一）种质资源收集与保存

第三次全国农作物种质资源普查与收集行动覆盖了31个省份和新疆兵团的2 323个农业县（市、区、旗、团场），新收集农作物种质资源13.9万份，99%为地方特色农家种、野生近缘种或种植历史悠久的育成品种。

2023年，新收集引进粮、棉、油、果、蔬、糖、茶、桑、麻种质资源2.3万份，涵盖637个物种、1 869类作物，包括大麦21130983、小麦AS-6、面包冬小麦、玉米CML577、棉花蓬蓬棉和草地山黎豆等优异资源。完成各类资源编目入库1.7万份，截至2023年年底，国家作物种质库长期保存总量增加到55.67万份。

（二）种质资源鉴定与筛选

大豆方面。完成大豆种质资源基因型鉴定2万份和表型鉴定6 000份，筛选出高产高油、耐密耐荫、抗蚜虫等优异种质220份。

玉米方面。完成玉米种质资源基因型鉴定1.65万份，开展了资源杂种优势类群划分，对7 000份资源进行了产量、抗旱、抗穗腐病等性状鉴定评价，筛选出可供育种利用的优异种质19份，并阐明育种利用技术途径。

水稻方面。完成水稻种质资源基因型鉴定2.3万份和表型鉴定8 000份，筛选出高产、抗病虫、抗逆等优异种质283份，其中鉴定出具有高抗稻瘟病、抗稻曲病和耐盐等多个优良性状的水稻导入系6份，并阐明了育种可利用途径。基于水稻特异分子标记、多性状关联的分子标记和已克隆的重要等位功能基因，采用重测序技术，优化了水稻种质资源分子身份证比对鉴别系统。

小麦方面。完成小麦种质资源基因型鉴定1.8万份，构建了DNA指纹图谱，对9 174份小麦种质资源进行了产量、抗病虫、抗逆和品质等性状鉴定评价，筛选出优异种质202份，包括高产构成因子资源113份、抗茎基腐病等抗病虫资源27份、抗穗发芽等抗逆资源16份和高蛋白等优质资源46份。

油料方面。完成油菜基因型分析鉴定5 000份、表型鉴定1 500份，筛选优异种质3份并阐明育种利用技术途径。完成了花生基因型鉴定5 000份、表型鉴定980份，筛选1份优异种质并阐明育种利用技术途径。完成芝麻基因型鉴定4 000份、表型鉴定700份，筛选出1份优异种质并阐明育种利用技术途径。完成向日葵种质基因型鉴定1 056份、表型鉴定118份，筛选优异种质30份。完成蓖麻基因型鉴定1 000份。

蔬菜方面。完成西瓜、甜瓜种质资源基因型鉴定820份、表型鉴定500份，筛选出优异甜瓜种质21份、西瓜种质13份，向国内100余家单位共享利用资源4 300余份次。完成萝卜基因型鉴定2 500份、芥菜基因型鉴定1 500份、黄瓜基因型鉴定1 550份、不结球白菜基因型鉴定1 200份和豇豆基因型鉴定1 600份。完成辣椒基因型鉴定150份、表型鉴定400份，筛选出辣椒素含量高、极早熟、株型紧凑、连续坐果性强的资源12份。

（三）种质资源共享利用

2023年，农作物种质资源共享利用迈出了坚实一步，印发实施《农作物种质资源共享利用办法（试行）》，上线运行农作物种质资源共享利用信息系统。发布第二批可供利用的农作物种质资源目录，涵盖100种作物2万份资源，作物种类比第一批增加了52种，其中粮食作物13 455份、果树1 336份、蔬菜1 814份和其他经济作物3 395份（棉、油、糖、茶、烟、麻、桑、花）。国家作物种质库（圃）共享分发利用种质资源13.5万份次，服务用户单位1 022个，田间展示28 203份优异种质，涉及水稻、小麦、玉米、大豆、棉花、果树等140种作物。继续组织72个农作物种质资源库（圃）开展"种质资源科普开放日"活动，线上线下共举办科普活动75场次，线下参加人数超过1万人次，线上超过150万人次。

二、农业微生物种质资源保护利用

（一）种质资源收集与保存

2023年，新收集农业微生物种质资源共计3.8万株，采用冷冻干燥法保藏约7.5万份，-80℃超

低温保藏13.7万余份，液氮保藏近1万份，斜面、滤纸片等其他方法保藏1.9万余份。截至2023年年底，全国27个国家农业微生物种质资源库保存资源总量达26.8万余株、92万余份，涵盖食用菌、肥料、植保、饲料、农业环境等主要农业微生物类群。

（二）种质资源鉴定与评价

2023年，27个国家级农业微生物种质资源库鉴定评价菌株数约2.18万株。

食用菌方面。对不同典型生态区域的灵芝属、黑木耳、糙皮侧耳、虫草等704份野生及生产用食用菌种质资源，重点进行形态学和分子系统学鉴定，明确资源分类地位，并对野生种进行驯化栽培，评价双孢蘑菇资源与杂交子513份，创制多元化中间创新材料12份。从300多株离褶伞属野生资源中鉴定出2个新种。

肥料微生物方面。重点对库藏1 000余株芽孢杆菌、假单胞菌等有益微生物类群，开展16S rDNA、持家基因及基因组测序精准鉴定，确定其分类地位，获得一批具有产铁载体、溶磷、解钾、产纤维素、耐盐碱等功能的菌株，其中部分菌株具有广谱抗病促生能力，已开发系列微生物肥料产品。

植保微生物方面。针对棉花黄萎病、玉米茎腐病、小麦茎基腐病等重大病害，完成了2200余个细菌菌株拮抗活性或生防效果的测定，筛选出高效拮抗菌株224个、高效防病菌株30个。针对其他害虫、杂草、真菌病害等，鉴定评价了菌株810株，筛选出活性菌株289株，获得天然产物28个，其中新化合物5个。

饲料微生物方面。完成16 131株乳酸菌16S rRNA基因和全基因组测序鉴定，建立了全球最大的乳酸菌基因组数据库iLABdb，收录乳酸菌基因组序列81 638个。

农业环境微生物方面。鉴定丛枝菌根真菌80株，隶属于9属27种，其中疑似新种3个，中国新记录种5个。发现了油污土来源的红螺菌目新物种，提出红螺菌目新科1个，其他环境来源还分离鉴定出新科2个、新属7个及新种23个。

（三）种质资源共享利用

2023年，国家农业微生物种质资源库向1 432家微生物肥料、微生物农药、微生物饲料、微生态制剂企业和食用菌种植大户以及从事农业微生物研究的高等院校、科研院所提供菌种29 732份，开展菌种鉴定、菌种保藏、技术培训等服务944项次。

三、国家育种联合攻关研究进展

（一）优势种业企业自主攻关

袁隆平农业高科技股份有限公司培育了我国首个抗飞虱超级稻品种玮两优7713，被农业农村部确认为2023年超级稻，推广面积超80万亩；育成国内首个镉低积累杂交水稻品种臻两优8612，在湖南中轻度镉污染区种植120万亩，平均亩产达1 121.1千克；玮两优8612在长江中下游区域刷新全国再生稻全程机械化种植百亩片高产纪录，推广面积超200万亩，平均亩产达1 444.3千克。北大荒垦丰种业股份有限公司创新高油酸大豆新种质龙垦314，油酸含量达到83%；育成大豆品种龙垦3092，大面积生产示范平均亩产达302千克，创黑龙江第四积温带大豆高产纪录。先正达集团中国创新玉米单倍体、全基因组选择和高效性状整合技术，DH群体筛选应用率达84%以上，加代能力达到4.5代／年。北京大北农科技集团股份有限公司选育的中科东玉201、大天001等高产玉米品种，累计推广面积759万亩。中农发种业集团股份有限公司选育的中强筋小麦品种泛育麦20，生产试验亩产610.2千克；培育的高抗条锈病小麦品种泛麦65，在黄淮冬麦区南片水地组大区试验平均亩产556.8千克。

（二）主要粮食作物育种联合攻关

水稻攻关组育成荃广优822，再生力强，在江西示范头季产量达607.7千克／亩；菁两优326耐盐性达5级，米质达一级，比对照品种平均增产超过6%；举办第四届全国优质稻品种食味品质鉴评暨国家水稻育种联合攻关推进会，15个粳稻和15个籼稻品种获金奖。小麦攻关组育成的高产高效小麦品种郑麦1860，年推广面积突破1 000万亩，成为河南推广面积第一大品种；济麦60在东营盐碱地测产达497.1千克／亩；马兰1号在邯郸曲周盐碱地测产达685.7千克／亩；杂交小麦品种京麦189在新疆喀什地区中度盐碱地测产达676.7千克／亩。玉米攻关组雅玉398、九圣禾516、新育6391等9个机收籽粒品种通过国家审定，年推广面积超过2 200万亩；中玉303在山东乐陵百亩示范方达1 077.5千克／亩。大豆攻关组自主培育的大豆品种推广面积占全国60%以上，高油高产品种郑1825测产达301.4千克／亩。

（三）地方重要特色物种育种联合攻关

杂交小麦攻关组培育的京麦17和京麦211通过国家审定，生产试验平均亩产超过500千克。菠菜攻关组选育的耐抽薹菠菜新品种蔬菠16号、蔬菠29号在北京、河北等地示范推广3万余亩。甘蓝攻关组培育的捷甘898、捷甘901等10个新品种推广总面积约200万亩。西蓝花攻关组育成的中青、浙青、美青等系列新品种打破国外垄断，市场占有率达35%。西瓜攻关组实现了西瓜单倍体诱导技术突破，大幅缩短育种周期。花生攻关组育成的豫花37号成为我国种植面积最大的高油酸花生品种。油菜攻关组选育的高产高油新品种圣灯1号在江西实测亩产265千克，将高产纪录提升了35千克。甘蔗攻关组选育的桂糖42号、桂柳05136号等10个甘蔗品种种植面积超过1 300万亩，占全国甘蔗种植面积的近90%。

四、科技创新成果

（一）种业专利

1. 总体概况

2023年，我国公开种业专利申请11 965件，比2022年减少131件、下降1.08%。其中，发明专利申请 7 256 件，占申请总量的 60.64%，比 2022 年增加 1 196 件；实用新型专利申请 4 709 件，占申请总量的 39.36%，比 2022 年减少 1 327 件（图 2-1）。

图 2-1　2019—2023 年种业专利申请情况

2023 年，我国授权种业专利 8 974 件，比 2022 年减少 1 454 件。其中，发明专利授权 4 265 件，占授权总量的 47.53%，比 2022 年减少 127 件；实用新型专利授权 4 709 件，占授权总量的 52.47%，比 2022 年减少 1 327 件（图 2-2）。

图 2-2　2019—2023 年种业专利授权情况

2. 技术领域分布

2023 年，公开的种业专利申请量与授权量在传统育种、现代育种和种业加工 3 个技术领域的分布见图 2-3。与 2022 年相比，现代育种领域的申请量提升了 62.49%，其他均有所下降。

3. 专利主体分布

2023 年，在公开的种业专利申请中，教学科研单位申请量位居首位，为 6 033 件，占申请总量的50.42%，比2022年增加534件。

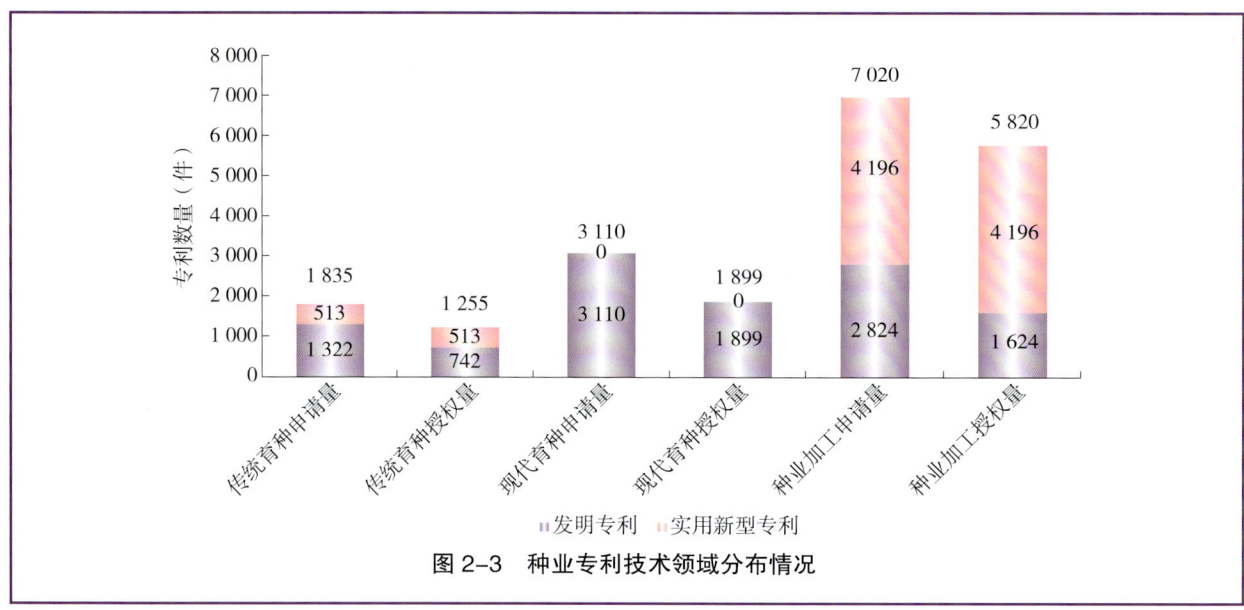

图2-3 种业专利技术领域分布情况

2023年，在公开的获得授权的种业专利中，企业授权量位居首位，为4 225件，占授权总量的47.08%，比2022年减少160件。具体分布情况见图2-4。

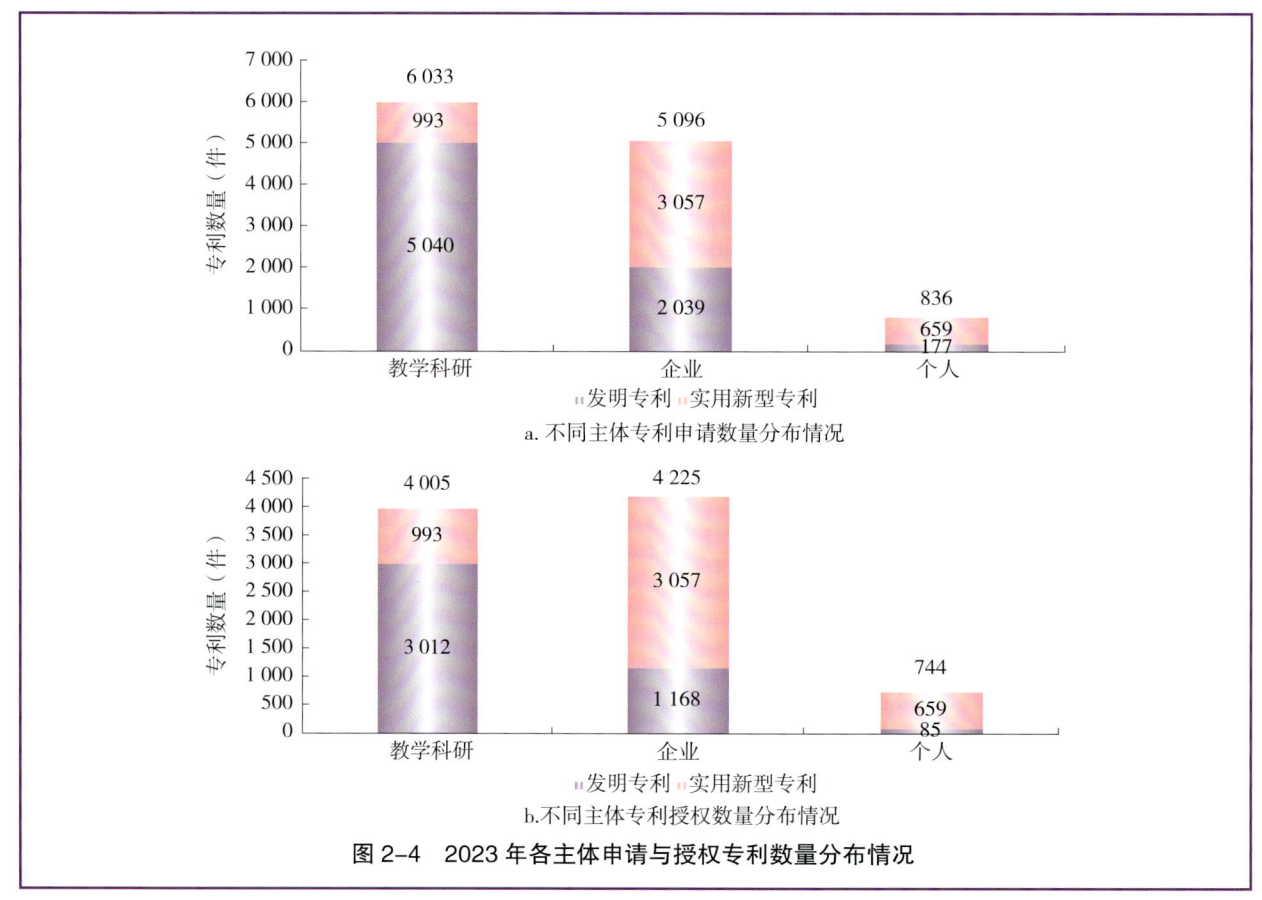

图2-4 2023年各主体申请与授权专利数量分布情况

4. 国别分布

2023年，国内主体申请种业专利11 771件，占申请总量的98.38%，获得授权种业专利8 808件，占授权总量的98.15%。国外主体共申请种业专利194件，占申请总量的1.62%，获得授权专利166件，占授权总量的1.85%。具体分布情况见图2-5。

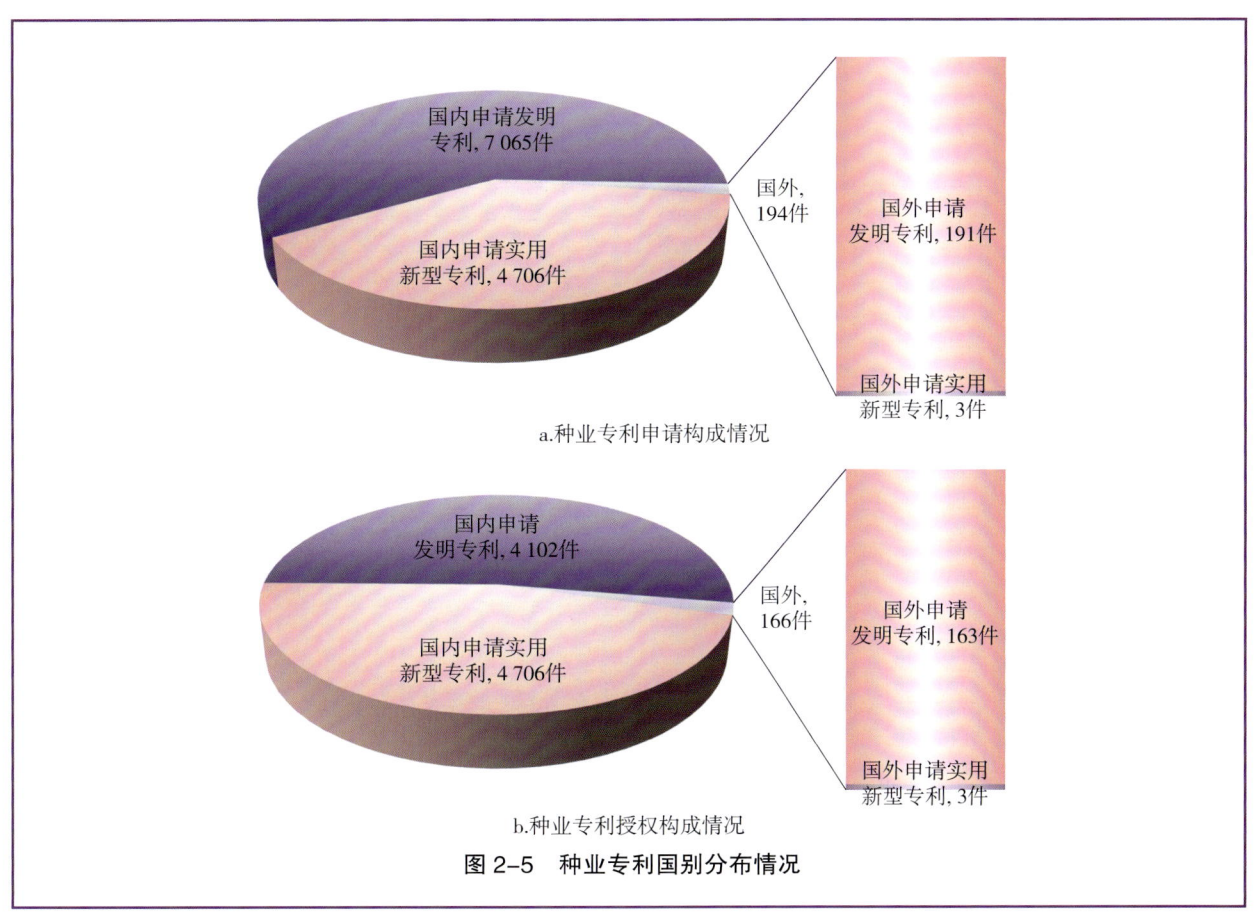

图2-5 种业专利国别分布情况

5. 地域分布

2023年，国内申请和授权种业专利数前10省份见表2-1，分别占总量的58.08%和57.38%。山东省的申请量和授权量均居全国首位，分别占总量的10.86%和11.06%。

表2-1 国内申请和授权专利数前10省份

排序	省份	申请量（件）	排序	省份	授权量（件）
1	山东	1 278	1	山东	974
2	江苏	938	2	江苏	701
3	安徽	694	3	安徽	506
4	广东	652	4	广东	460
5	河南	624	5	北京	457

（续表）

排序	省份	申请量（件）	排序	省份	授权量（件）
6	北京	613	6	河南	459
7	浙江	576	7	云南	418
8	云南	555	8	浙江	425
9	湖北	536	9	湖北	381
10	黑龙江	483	10	黑龙江	368

6. 申请及授权主体分布情况

2023 年，申请和授权专利数前 10 单位见表 2-2，中国农业大学均居首位。

表 2-2　申请和授权专利数前 10 单位

排序	申请人	申请量（件）	权利人	授权量（件）
1	中国农业大学	145	中国农业大学	125
2	华中农业大学	118	南京农业大学	73
3	南京农业大学	109	华南农业大学	64
4	安徽农业大学	103	华中农业大学	64
5	西北农林科技大学	93	安徽农业大学	61
6	华南农业大学	90	浙江大学	58
7	浙江大学	90	西北农林科技大学	57
8	河南农业大学	85	东北农业大学	55
9	中国农业科学院作物科学研究所	82	广西壮族自治区农业科学院	48
10	东北农业大学	80	西南大学	48

7. 专利转让、许可、质押情况

2023 年，在公开的申请专利中，共有 155 件专利进行了转让，7 件专利进行了许可，20 件专利进行了质押。

在公告的授权专利中，共有 376 件专利进行了转让，36 件专利进行了许可，24 件专利进行了质押。

8. 种业领域国际专利申请

2023 年，共公开我国申请人通过专利合作条约和巴黎公约两种方式，申请国际发明专利 183 件[①]，其中专利合作条约申请 96 件，巴黎公约申请 87 件。

---

① 注：专利数据来源于 Incopat 数据库。

（二）种业科技论文

2023年，我国科学家在作物遗传育种研究领域取得了较大进展，在影响因子4.0以上的40余种期刊上发表论文1 697篇。我国科学家发表的主要期刊分布如图2-6所示。

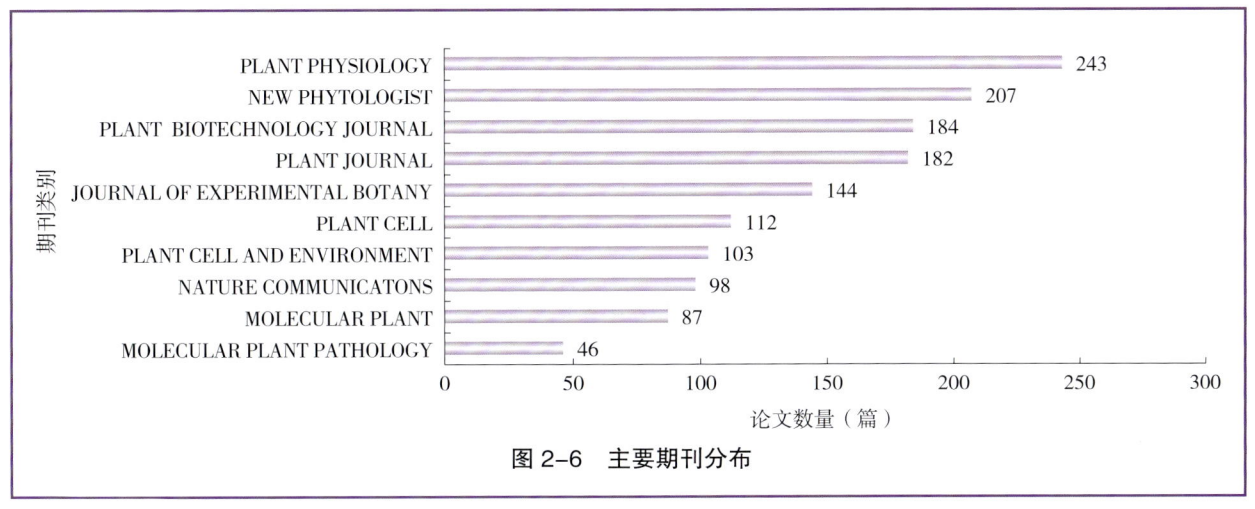

图2-6 主要期刊分布

1. 高水平论文发表情况

2023年，我国科学家以第一作者在国际一流期刊发表论文18篇，其中NATURE（影响因子64.8）7篇、CELL（影响因子64.5）4篇、SCIENCE（影响因子56.9）1篇、NATURE BIOTECHNOLOGY（影响因子46.9）4篇、CELL RESEARCH（影响因子44.1）2篇（表2-3）。

表2-3 高水平期刊论文发表情况

期刊来源	文章题目	第一作者发文机构
NATURE	Cold induction of nuclear FRIGIDA condensation in Arabidopsis	北京大学
	Reducing brassinosteroid signalling enhances grain yield in semi-dwarf wheat	中国农业大学
	Genetic dissection of plants' airborne defences	河北农业大学
	Optimal nitrogen rate strategy for sustainable rice production in China	中国科学院
	Genome editing of a rice CDP-DAG synthase confers multipathogen resistance	华中农业大学
	Molecular basis of methyl-salicylate-mediated plant airborne defence	清华大学
	A tripartite rheostat controls self-regulated host plant resistance to insects	武汉大学
CELL	Phylogenomic discovery of deleterious mutations facilitates hybrid potato	中国农业科学院
	A natural gene drive system confers reproductive isolation in rice	南京农业大学
	Amyloplast sedimentation repolarizes LAZYs to achieve gravity sensing in plants	清华大学
	A phospho-switch constrains BTL2-mediated phytocytokine signaling in plant immunity	华中农业大学
SCIENCE	Structure and mechanism of the plant RNA polymerase V	南方科技大学

（续表）

期刊来源	文章题目	第一作者发文机构
NATURE BIOTECHNOLOGY	CRISPR-edited plants by grafting	中国科学院
	Tuning plant phenotypes by precise, graded downregulation of gene expression	中国科学院
	Engineered upstream open reading frames predictably downregulate mRNA translation in plants	中国科学院
	Precise integration of large DNA sequences in plant genomes using PrimeRoot editors	中国科学院
CELL RESEARCH	Structural insights into plant phytochrome A as a highly sensitized photoreceptor	北京大学
	Plant phytochrome A in the Pr state assembles as an asymmetric dimer	华中农业大学

2. 论文主要涉及作物类型分布

在上述发表的1 697篇论文中，以水稻和拟南芥为主要研究作物的相关研究论文数占总数的32.12%。具体研究涉及作物类型分布情况见图2-7。

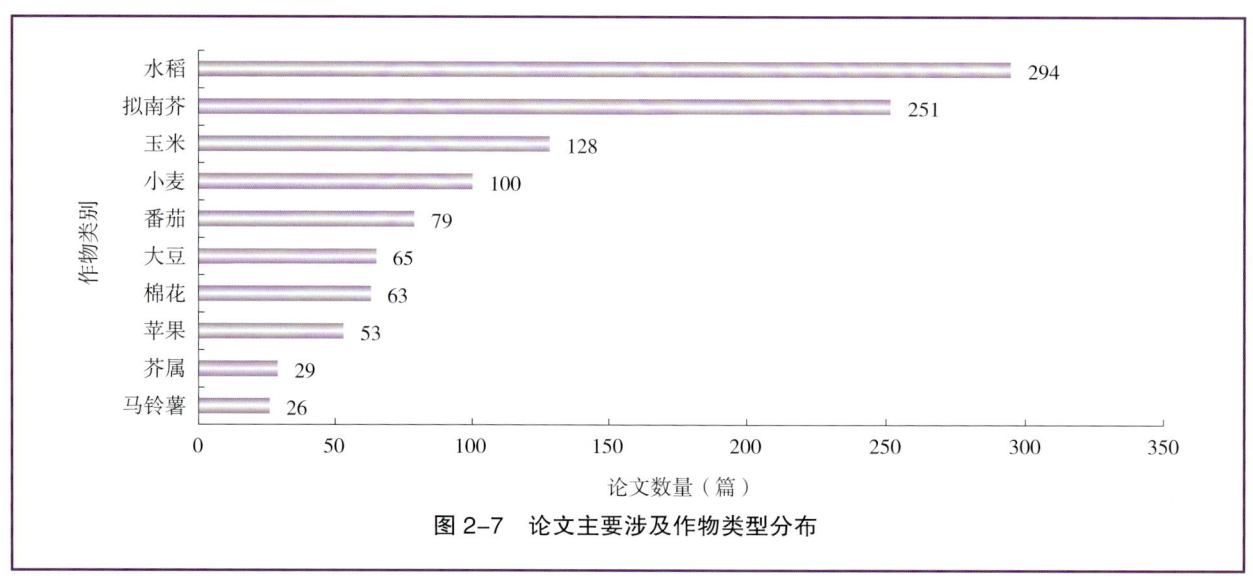

图2-7 论文主要涉及作物类型分布

3. 发表论文的研究机构分布

2023年，我国在作物遗传育种领域主要科技论文发表机构分布如图2-8所示，其中中国科学院以680篇居首位，占总量的40.07%。

（三）审定品种

2023年，通过国家审定的主要农作物品种1 552个，比2022年减少8个，其中水稻409个、玉米801个、小麦197个、棉花51个、大豆94个。国审品种数量继续下降，审定高产稳产品种1 047个、绿色优质品种252个，高产稳产和绿色优质品种占比超过八成。

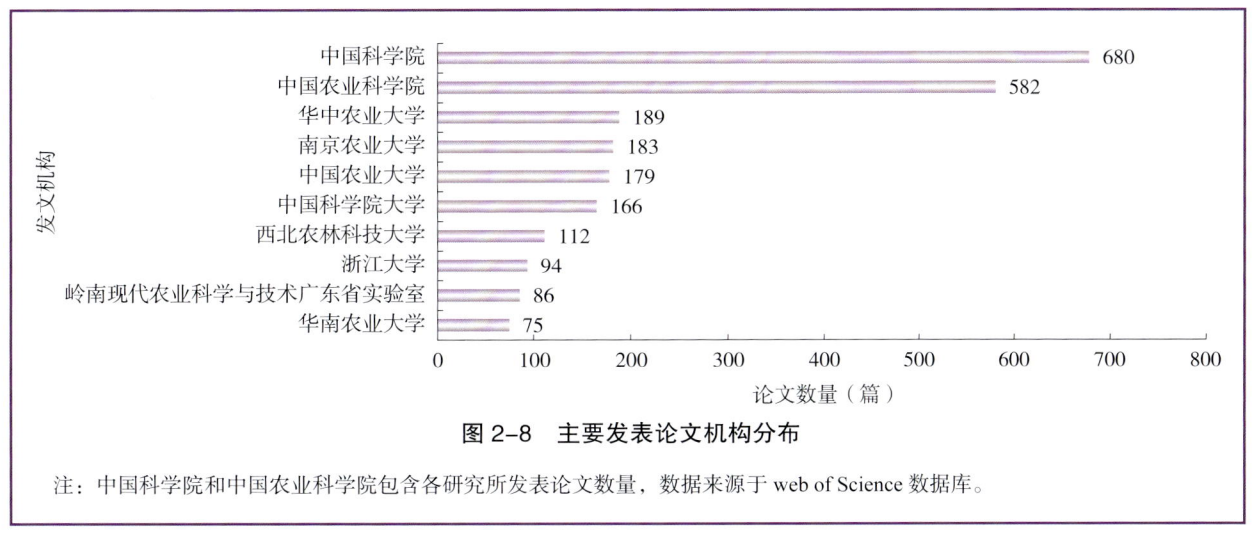

图 2-8 主要发表论文机构分布

注：中国科学院和中国农业科学院包含各研究所发表论文数量，数据来源于 web of Science 数据库。

通过省级审定的主要农作物品种 4 134 个，比 2022 年减少 779 个，其中水稻 1 310 个、玉米 1 996 个、小麦 437 个、棉花 66 个、大豆 325 个。全国审定品种数量首次大幅下降，审定品种质量在提升，品种审定由数量型增长转变为质量型提升。全国品种审定情况见表 2-4。

2023 年，全国共引种备案主要农作物品种 3 479 个，比 2022 年增加 421 个，其中水稻 478 个、玉米 2 724 个、小麦 171 个、棉花 1 个、大豆 105 个（表 2-5）。

表 2-4 2023 年全国品种审定情况　　　　　　　　　　　　　　　　　　　　　　（单位：个）

省份	水稻	玉米	小麦	棉花	大豆	小计
合计	1 719	2 797	634	117	419	5 686
国审	409	801	197	51	94	1 552
北京	0	7	1	0	4	12
天津	2	12	7	0	2	23
河北	6	188	44	20	21	279
山西	1	124	17	0	11	153
内蒙古	19	105	9	0	16	149
辽宁	11	210	0	3	18	242
吉林	51	167	0	0	39	257
黑龙江	290	125	8	0	70	493
上海	9	4	0	0	0	13
江苏	86	18	29	6	24	163
浙江	34	11	1	2	5	53
安徽	102	42	56	3	26	229
福建	46	11	0	0	4	61
江西	50	8	0	0	6	64

（续表）

省份	水稻	玉米	小麦	棉花	大豆	小计
山东	6	71	46	4	17	144
河南	11	84	129	12	13	249
湖北	59	52	16	5	16	148
湖南	90	10	0	3	3	106
广东	83	27	0	0	0	110
广西	143	131	0	0	0	274
海南	10	0	0	0	0	10
重庆	26	14	4	0	2	46
四川	79	69	0	5	7	160
贵州	28	89	4	0	0	121
云南	65	209	15	0	15	304
陕西	3	81	26	0	3	113
甘肃	0	123	23	3	3	152
青海	0	4	2	0	0	6
宁夏	0	0	0	0	0	0
新疆	0	0	0	0	0	0

表 2-5　2023 年全国引种备案情况　　　　　　　　　　　　　　　　　（单位：个）

省份	水稻	玉米	小麦	棉花	大豆	小计
合计	478	2 724	171	1	105	3 479
北京	3	13	2	0	0	18
天津	0	98	18	0	0	116
河北	5	351	37	0	0	393
山西	0	132	21	0	2	155
内蒙古	4	455	0	0	15	474
辽宁	1	102	0	0	0	103
吉林	6	229	0	0	13	248
黑龙江	9	273	0	0	6	288
上海	4	4	0	0	0	8
江苏	27	79	28	0	23	157
浙江	16	23	5	0	0	44
安徽	15	18	17	0	5	55
福建	34	15	0	0	0	49
江西	66	4	0	0	0	70

（续表）

省份	水稻	玉米	小麦	棉花	大豆	小计
山东	1	47	9	0	5	62
河南	62	95	20	1	21	199
湖北	54	80	9	0	3	146
湖南	30	36	0	0	3	69
广东	27	49	0	0	0	76
广西	13	14	0	0	0	27
海南	31	0	0	0	0	31
重庆	0	21	1	0	0	22
四川	7	79	0	0	1	87
贵州	31	146	0	0	0	177
云南	20	62	3	0	1	86
西藏	0	4	1	0	0	5
陕西	12	120	0	0	3	135
甘肃	0	101	0	0	4	105
青海	0	8	0	0	0	8
宁夏	0	66	0	0	0	66
新疆	0	0	0	0	0	0

截至2023年年底，全国累计审定主要农作物品种60 628个，具体年度审定品种数量见图2-9。

图2-9　1997—2023年全国主要农作物品种审定情况

（四）登记品种

2023年，全国29种非主要农作物登记品种3 085个，其中马铃薯108个、甘薯55个、谷子80个、高粱119个、大麦（青稞）43个、蚕豆18个、豌豆115个、油菜235个、花生161个、亚麻（胡麻）15个、向日葵84个、甘蔗14个、甜菜13个、大白菜165个、结球甘蓝93个、黄瓜123个、番茄468个、辣椒567个、西瓜208个、甜瓜141个、苹果81个、柑橘5个、香蕉6个、梨26个、葡萄38个、桃21个、茶树83个（表2-6）。各省份登记农作物品种数量见表2-7。撤销登记品种912个，具体见表2-8。

表2-6　2023年登记品种情况（按作物）

作物种类	登记品种数（个）	占比（%）	作物种类	登记品种数（个）	占比（%）
马铃薯	108	3.50	黄瓜	123	3.99
甘薯	55	1.78	番茄	468	15.17
谷子	80	2.59	辣椒	567	18.38
高粱	119	3.86	茎瘤芥	0	0
大麦（青稞）	43	1.39	西瓜	208	6.74
蚕豆	18	0.58	甜瓜	141	4.57
豌豆	115	3.73	苹果	81	2.63
油菜	235	7.62	柑橘	5	0.16
花生	161	5.22	香蕉	6	0.19
亚麻（胡麻）	15	0.49	梨	26	0.84
向日葵	84	2.72	葡萄	38	1.23
甘蔗	14	0.45	桃	21	0.68
甜菜	13	0.42	茶树	83	2.69
大白菜	165	5.35	橡胶	0	0
结球甘蓝	93	3.01	合计	3 085	100

表2-7　2023年登记品种情况（按省份）

省份	登记品种数（个）	占比（%）	省份	登记品种数（个）	占比（%）
北京	305	9.89	湖北	123	3.99
天津	53	1.72	湖南	61	1.98
河北	82	2.66	广东	105	3.40
山西	68	2.20	广西	36	1.17
内蒙古	94	3.05	海南	14	0.45
辽宁	269	8.72	重庆	27	0.88
吉林	50	1.62	四川	92	2.98

(续表)

省份	登记品种数（个）	占比（%）	省份	登记品种数（个）	占比（%）
黑龙江	67	2.17	贵州	72	2.33
上海	17	0.55	云南	357	11.57
江苏	87	2.82	西藏	3	0.10
浙江	89	2.88	陕西	133	4.31
安徽	84	2.72	甘肃	135	4.38
福建	35	1.13	青海	15	0.49
江西	11	0.36	宁夏	44	1.43
山东	351	11.38	新疆	16	0.52
河南	190	6.16	合计	3 085	100

表2-8　2023年撤销登记品种情况　　　　　　　　　　　　　　　　　　　　　　　　　（单位：个）

省份	花生品种数	向日葵品种数	黄瓜品种数	甜瓜品种数	小计
合计	3	789	20	100	912
北京	0	3	0	12	15
天津	0	0	12	1	13
河北	0	9	0	20	29
山西	0	2	0	0	2
内蒙古	0	178	0	5	183
辽宁	0	0	0	0	0
吉林	0	12	0	2	14
黑龙江	0	0	0	18	18
上海	0	0	0	0	0
江苏	0	0	0	0	0
浙江	0	0	0	0	0
安徽	0	0	0	1	1
福建	0	0	0	0	0
江西	0	0	0	0	0
山东	0	0	0	0	0
河南	3	0	0	6	9
湖北	0	0	3	0	3
湖南	0	0	0	4	4
广东	0	0	0	0	0
广西	0	0	0	1	1
海南	0	0	0	0	0

（续表）

省份	花生品种数	向日葵品种数	黄瓜品种数	甜瓜品种数	小计
重庆	0	0	2	0	2
四川	0	0	0	0	0
贵州	0	0	0	0	0
云南	0	0	0	0	0
西藏	0	0	0	0	0
陕西	0	0	0	9	9
甘肃	0	573	3	20	596
青海	0	0	0	0	0
宁夏	0	4	0	0	4
新疆	0	8	0	1	9

截至2023年年底，累计申请登记品种40 424个，累计公告登记品种31 398个（含1 749个撤销品种），具体年度申请登记情况见图2-10。

图2-10　2017—2023年全国非主要农作物品种登记情况

（五）植物新品种权

2023年，我国农业植物新品种权申请14 278件（表2-9），年度申请量在UPOV成员中连续七年居首位，比2022年增加3 079件、增长27.49%。其中，国内申请13 880件，占97.21%；国外申请398件，占2.79%。

2023年，我国农业植物新品种权授权8 385件（表2-9）。其中，授权国内品种7 930件，占94.56%；授权国外品种456件，占5.44%。

表2-9 2023年农业植物新品种权申请与授权情况（按植物种类）

	大田作物①	蔬菜	花卉	果树	牧草	药用植物	菌类	合计
申请量（件）	9 799	2 676	1 049	599	8	49	98	14 287
授权量（件）	6 619	800	595	282	5	37	47	8 385

大田作物中，申请量排名前3的种属为玉米、水稻、小麦，申请量分别为4 418件、2 968件、768件，分别占2023年申请量的45.09%、30.29%、7.84%（表2-10）。

表2-10 2023年主要农作物品种权申请和授权情况

	水稻				玉米			小麦	大豆	棉花
	小计	杂交水稻	常规水稻	其他水稻	小计	杂交玉米	其他玉米			
申请量（件）	2 968	96	1 463	1 409	4 418	1 691	2 727	768	535	129
授权量（件）	1 670	585	805	280	2 968	1 689	1 279	806	397	164

授权量超过100件的省份有23个。各省份品种权申请和授权情况见表2-11。

表2-11 2023年各省份品种权申请和授权情况

省份	申请量（件）	授权量（件）
北京	1 296	628
天津	136	60
河北	580	567
山西	253	152
内蒙古	243	138
辽宁	613	235
吉林	368	232
黑龙江	1 149	650
上海	215	156
江苏	652	449
浙江	517	286
安徽	631	437
福建	527	273
江西	135	77
山东	1 205	624
河南	1 011	927
湖北	329	221

---

① 大田作物包括水稻、玉米、普通小麦、大豆、甘蓝型油菜、花生、甘薯、谷子、高粱、大麦属、苎麻属、棉属、亚麻、桑属、芥菜型油菜、绿豆、豌豆、橡胶树、茶组、芝麻、木薯、甘蔗属、小豆、燕麦、烟草、向日葵、荞麦属、白菜型油菜、薏苡属、蓖麻、甜菜、稷（糜子）、大麻槿（红麻）、可可、苋属。

(续表)

省份	申请量（件）	授权量（件）
湖南	594	224
广东	654	341
广西	412	164
海南	542	127
重庆	66	34
四川	385	250
贵州	132	66
云南	338	233
陕西	112	64
甘肃	434	135
青海	13	2
宁夏	94	35
新疆	214	134
西藏	7	5
台湾	23	4
总计	13 880	7 930

截至2023年年底，农业植物品种权累计申请量76 914件、授权量31 486件，具体年度申请和授权情况见图2-11。

图2-11 1999—2023年品种权申请量和授权量变动情况

第三篇 种子生产与推广

2023年，全国春夏播作物种子生产面积稳中有增，杂交玉米和杂交水稻制种面积处历史高位，在部分区域遭遇极端天气影响的情况下实现总产增加，常规水稻、大豆、春小麦、春油菜繁制种面积和产量实现双增，马铃薯、棉花繁制种面积和产量较2022年略降，新产种子均能有效满足2024年大田生产需求。

一、主要农作物种子生产情况

（一）杂交玉米种子

2023年，受主导品种库存持续下降和大田种植面积上升影响，全国杂交玉米制种面积达462.55万亩，创近十年新高，比2022年增加97.09万亩、增长26.57%。分省份看，新疆（含新疆兵团）、甘肃两地制种面积分别为168.74万亩、165.46万亩，比2022年分别增加48.29万亩、7.88万亩。新疆（含新疆兵团）、甘肃两地制种面积总和占全国的72.25%，比2022年降低3.85个百分点；产量合计达到13.65亿千克，占全国总产量的78.49%，比2022年降低2.90个百分点。

2023年全国各区域杂交玉米制种面积、产量及其占比和单产情况见图3-1至图3-3。

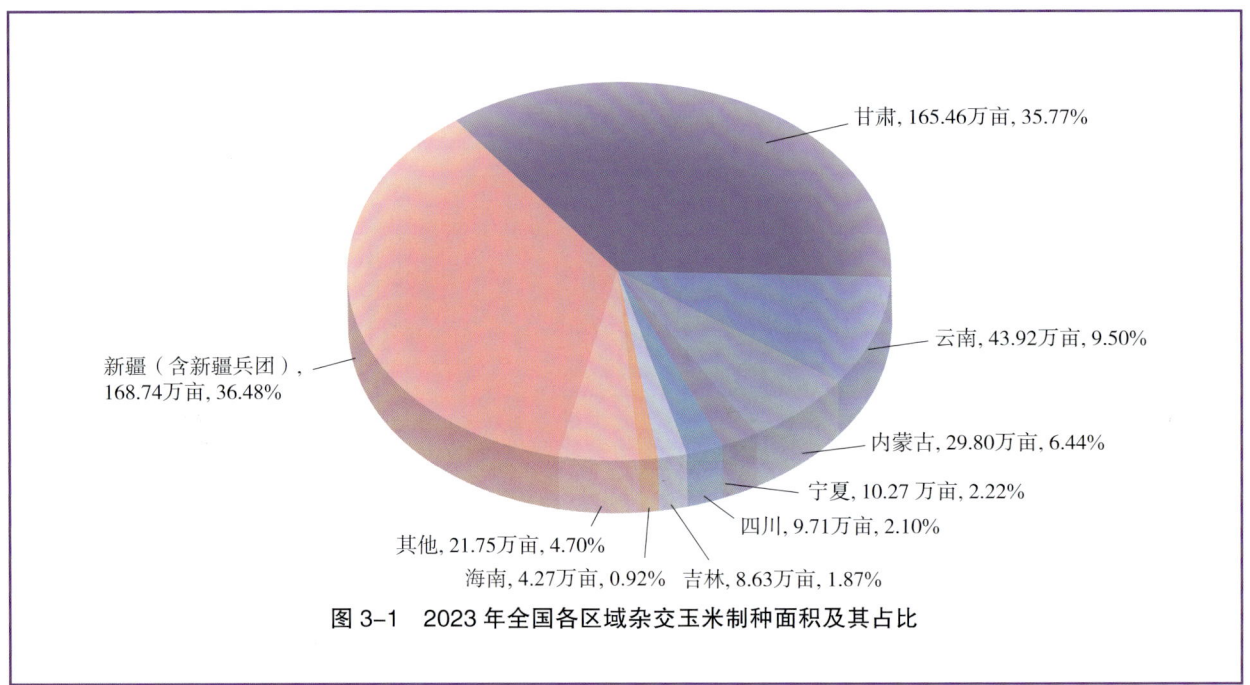

图 3-1　2023 年全国各区域杂交玉米制种面积及其占比

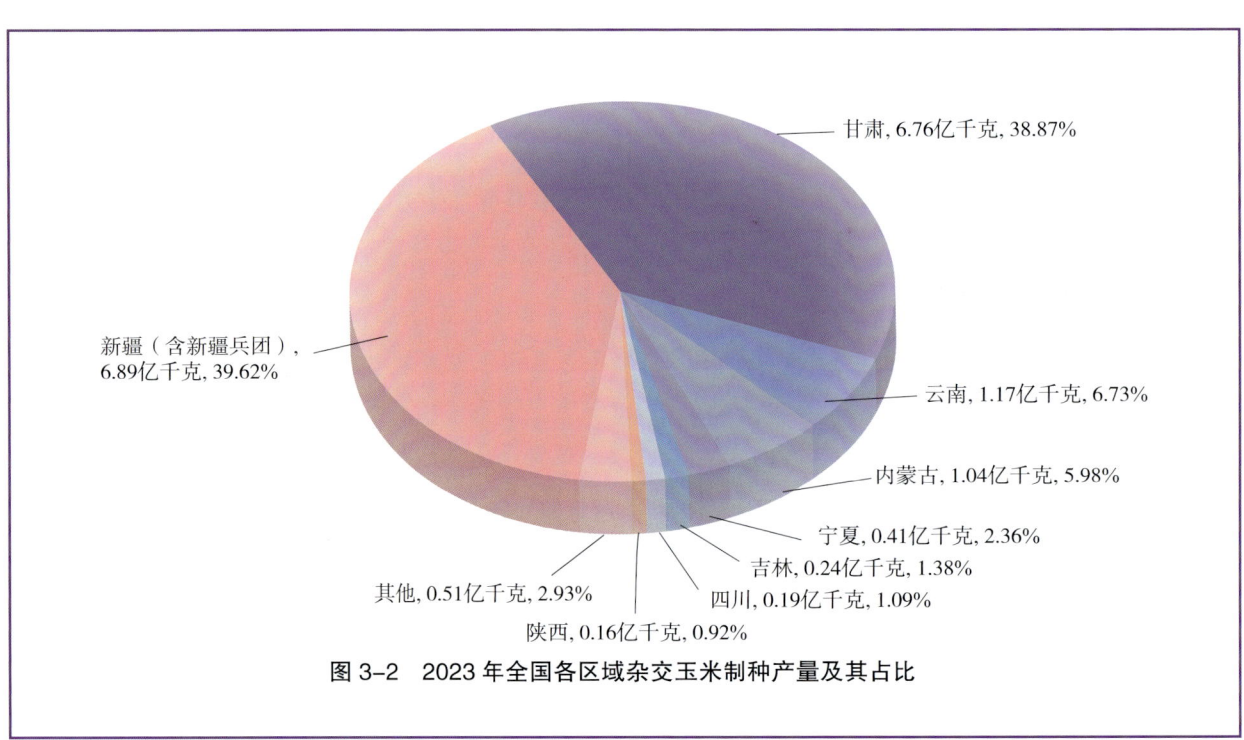

图 3-2　2023 年全国各区域杂交玉米制种产量及其占比

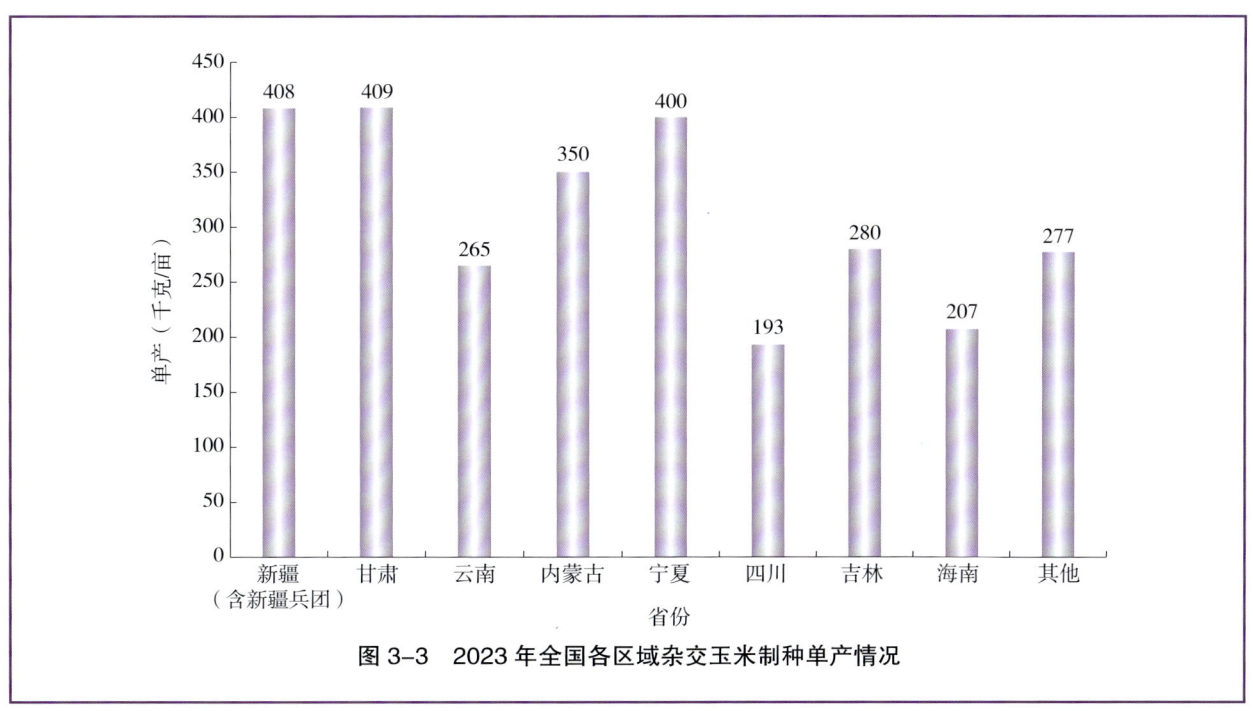

图 3-3　2023 年全国各区域杂交玉米制种单产情况

2023 年，全国新产杂交玉米种子 17.39 亿千克，比 2022 年增加 3.78 亿千克；单产 376 千克/亩，与 2022 年基本持平，与近 5 年平均水平相比，处于历史中位水平。甘肃、新疆等省份部分基地受前期低温影响，生育期较往年推迟 1 周；7—9 月，受高温干旱、干热风等极端天气影响，出现不同程度减产，尤其是对中晚熟品种授粉结实造成不利影响。因前期低温、8 月高温干旱、后期阴雨天气，四川制种单产下降 21 个百分点。受干旱影响，云南制种单产下降 3 个百分点。

其余基地均属于正常年份，产量与往年持平。2004—2023 年全国杂交玉米制种面积与产量情况见图 3-4 至图 3-6。

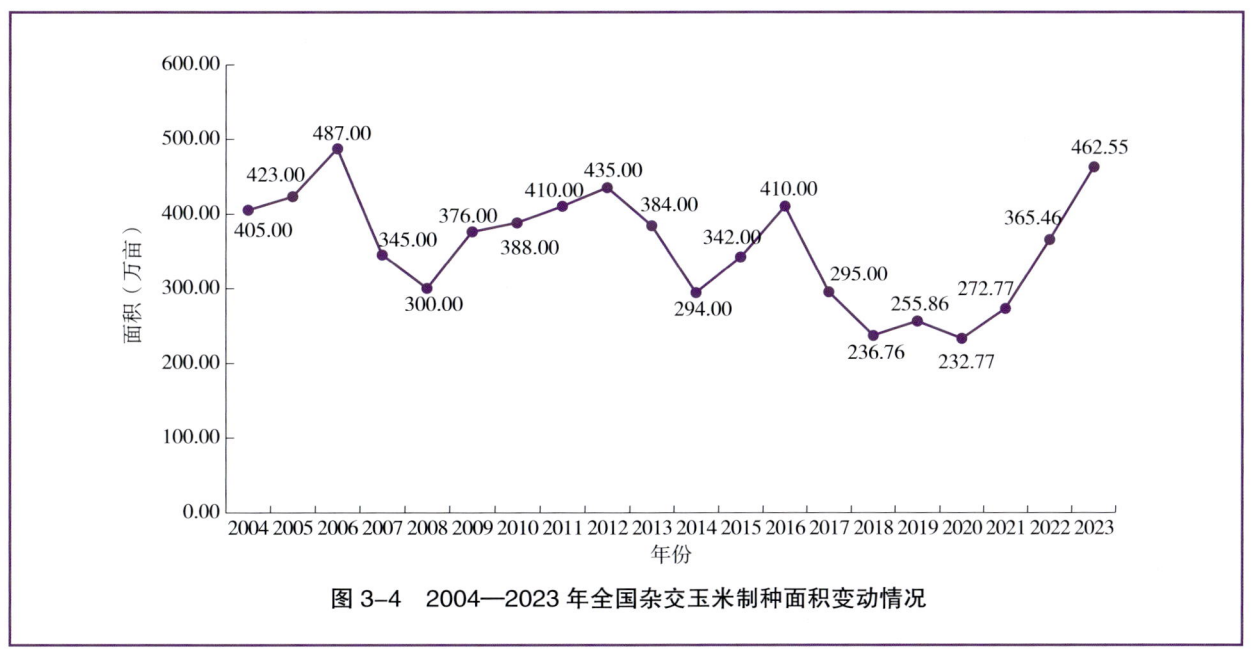

图 3-4　2004—2023 年全国杂交玉米制种面积变动情况

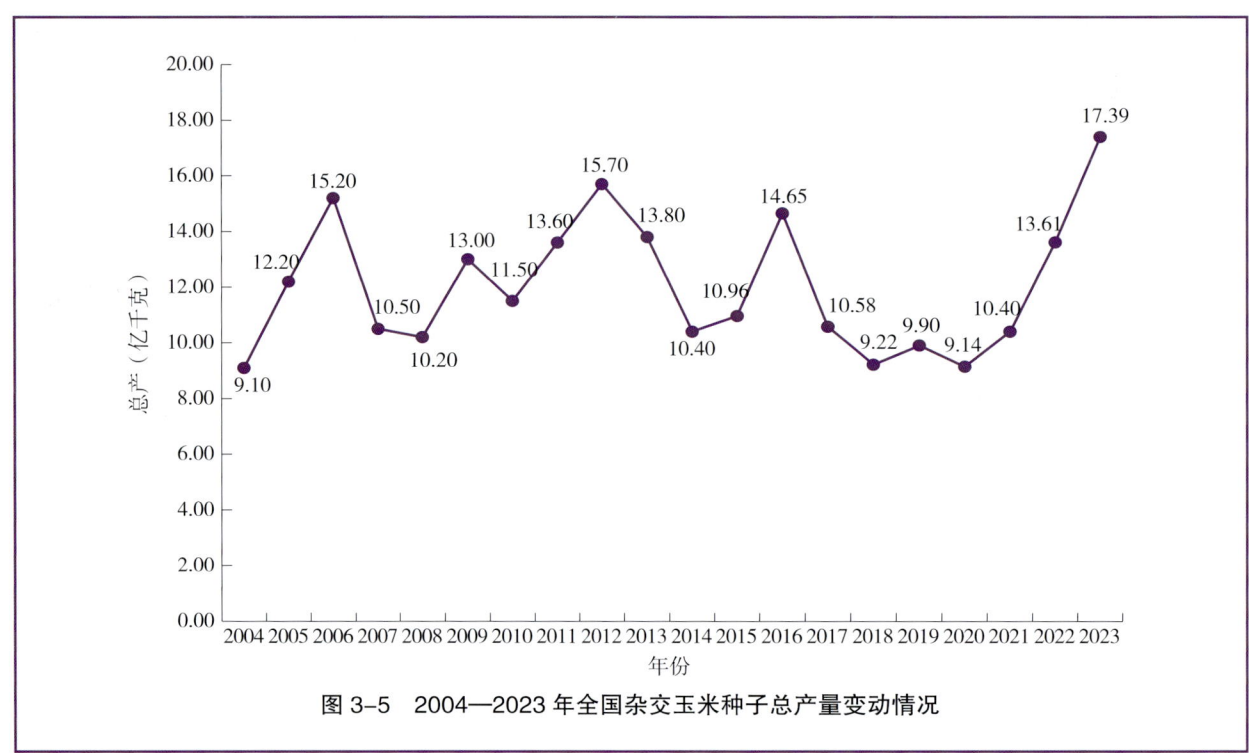

图 3-5　2004—2023 年全国杂交玉米种子总产量变动情况

图 3-6　2004—2023 年全国杂交玉米制种单产变动情况

2023 年杂交玉米种子总供给量约 20.5 亿千克，比 2022 年增长 24%，总需求量保持在 11.5 亿～12.5 亿千克高位，供需比约 160%。玉米商品粮价格波动，种子供过于求，市场竞争激烈，2024 年播种结束后杂交玉米种子库存量约 8.0 亿千克，期末库存量与年度需种量比率增加到 60%，玉米种子行业进入新一轮库存周期。

（二）杂交水稻种子

2023 年，全国杂交水稻制种面积 216.00 万亩，比 2022 年增加 19.38 万亩、增长 9.86%。杂交水稻制种主要集中在福建、江西、湖南、江苏、海南、四川等6省，制种面积合计185.30万亩，占全国总面积的85.79%，产量合计达到2.90亿千克，占全国总产量的84.87%。

2023年，全国新产杂交水稻种子3.41亿千克，比2022年增加0.58亿千克、增长20.49%。单产158千克/亩，比2022年增加14千克/亩、增长9.72%，与近5年平均水平持平。8月底至9月初，福建、江西遭遇低温和持续阴雨寡照，稻飞虱、稻曲病等病虫害较重发生，夏制、秋制生产受到影响，千粒重下降、色泽略差、精选淘汰比例提高，平均单产较正常年份下降15%，部分品种出现转育。

2023年全国各区域杂交水稻制种面积、产量及其占比和单产情况见图3-7至图3-9。

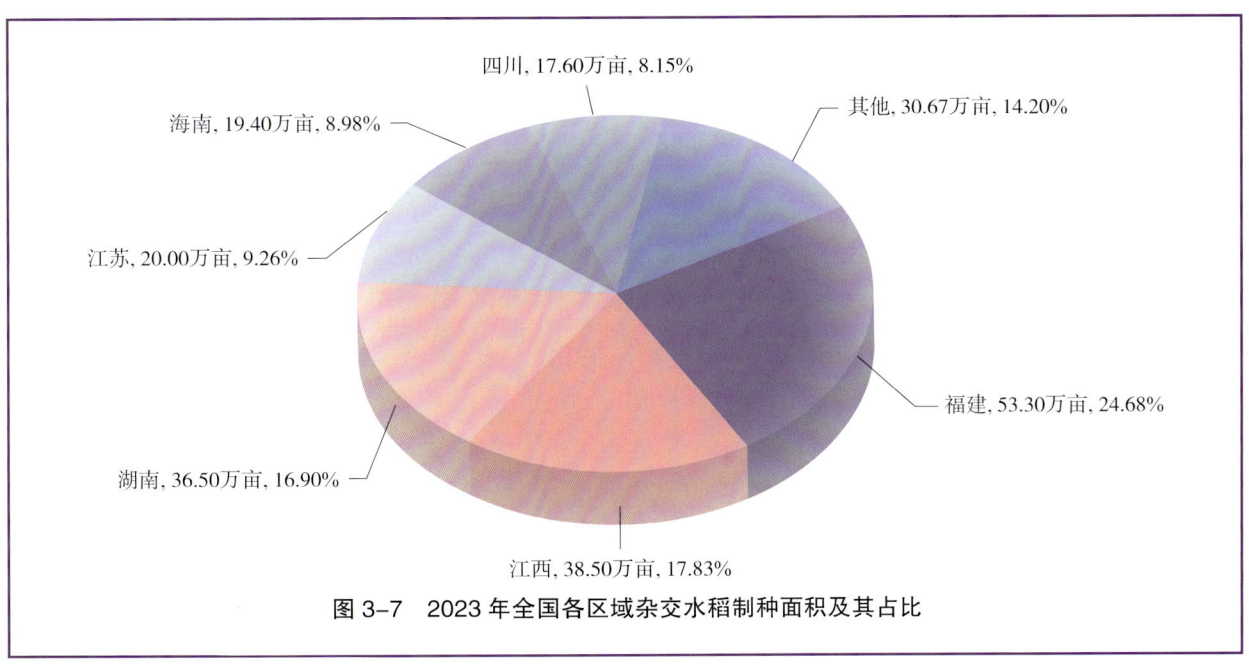

图3-7　2023年全国各区域杂交水稻制种面积及其占比

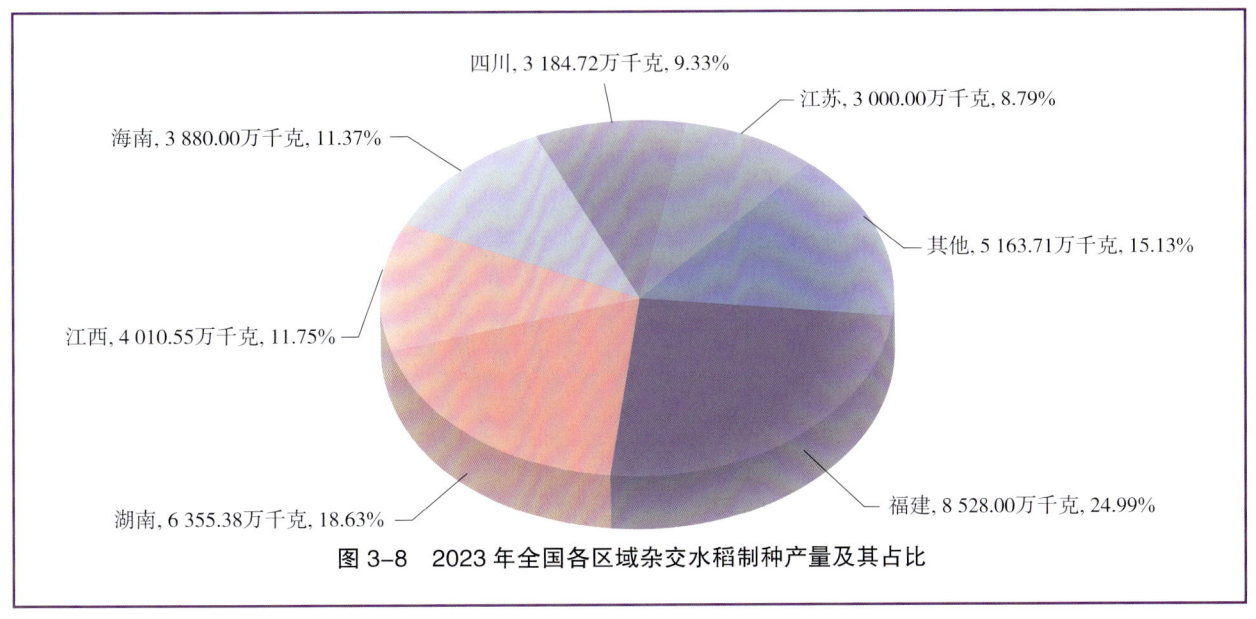

图3-8　2023年全国各区域杂交水稻制种产量及其占比

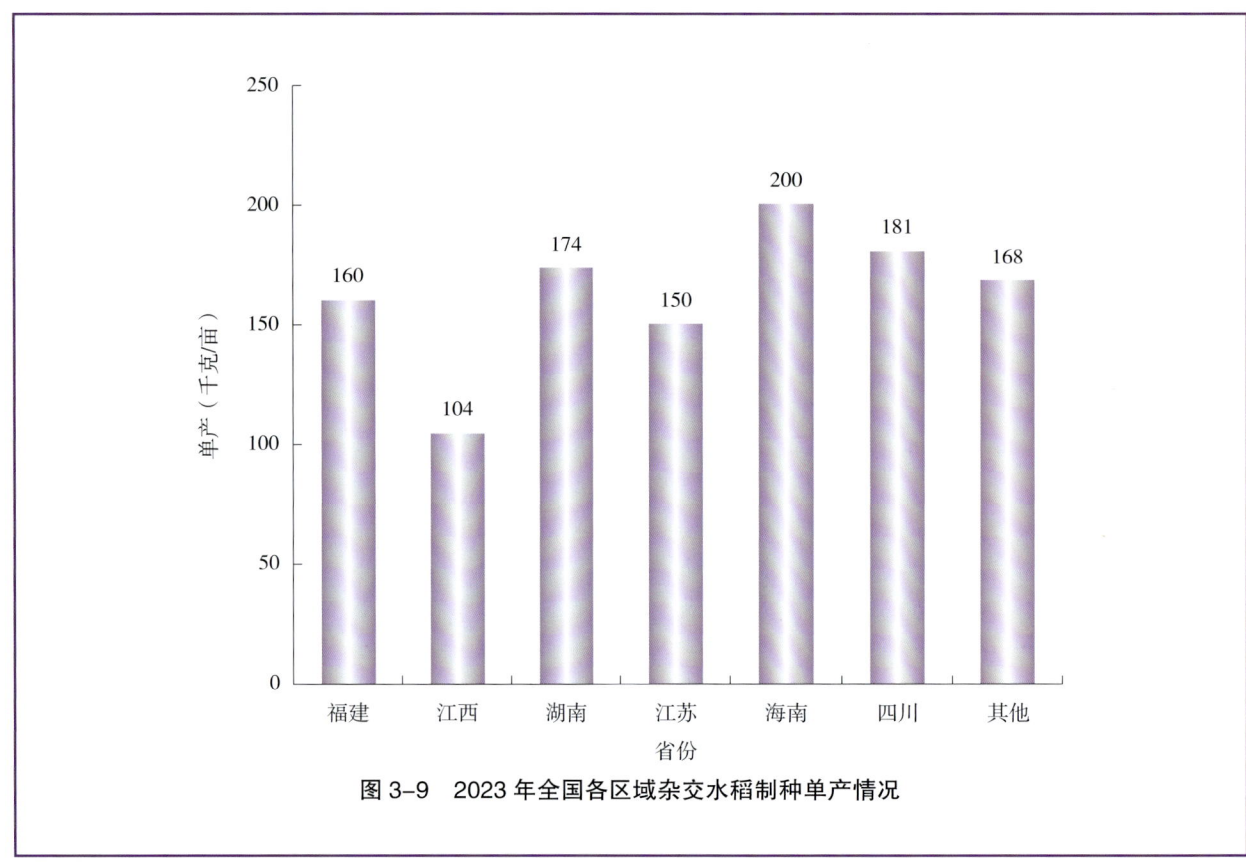

图 3-9　2023 年全国各区域杂交水稻制种单产情况

2004—2023 年全国杂交水稻制种面积与产量情况见图 3-10 至图 3-12。

图 3-10　2004—2023 年来全国杂交水稻制种面积变动情况

图 3-11　2004—2023 年来全国杂交水稻种子总产量变动情况

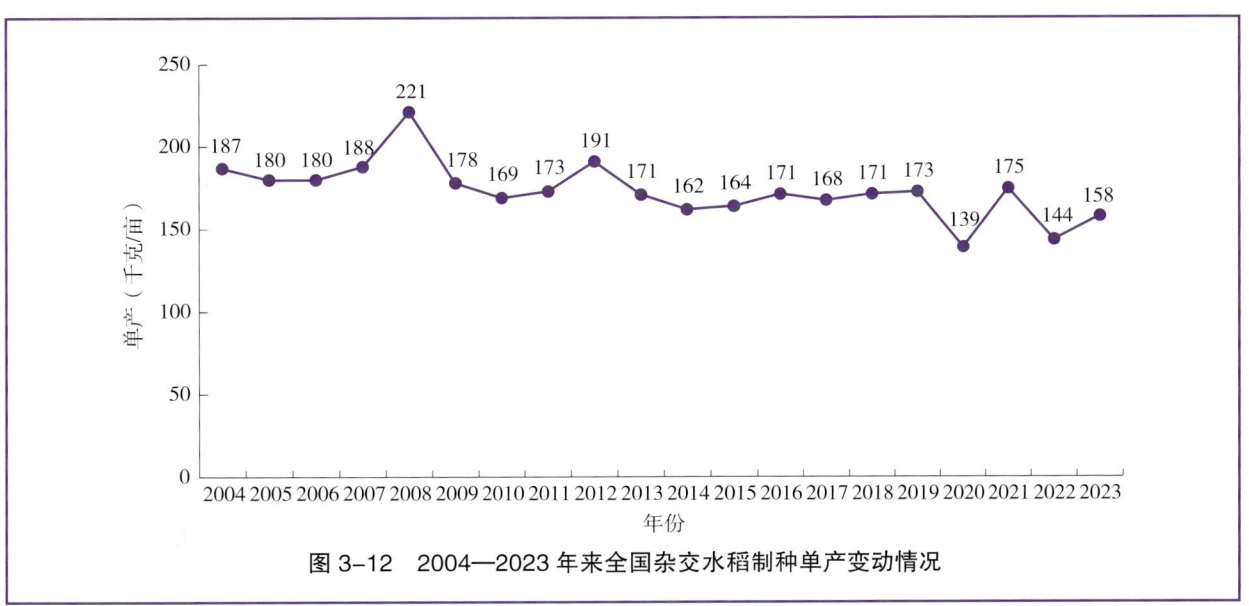

图 3-12　2004—2023 年来全国杂交水稻制种单产变动情况

从总供给看，2023 年杂交水稻新产种子 3.41 亿千克，加上期末有效库存 0.6 亿千克，可供种子总量超 4.0 亿千克。2024 年总需种量约为 2.7 亿千克，供需比约为 148%，种子供应过剩态势进一步加剧。

（三）其他重要农作物种子生产

2023 年，全国大豆繁种收获面积 639.16 万亩，比 2022 年增加 127.99 万亩、增长 25.04%；单产 180 千克/亩，新产种子 11.52 亿千克，比 2022 年增加 2.75 亿千克、增长 31.33%。随着大豆单产提升行动推进，加上主要繁种基地气候条件适宜，2023 年大豆繁种平均单产为近 5 年最高。分产区看，北方春大豆区总供种量 9.16 亿千克，商品种子需求量预计 4.18 亿千克，供需比约为 219%，严重供大于求；黄淮海、长江流域及西南大豆区总供种量 2.36 亿千克，商品种子需求量预计 1.94 亿千克，供需比约为 122%。

2023 年，受 2022 年"烂场雨"影响，山东、陕西、山西、湖北等地冬小麦繁种面积大幅增长，全国冬小麦繁种面积 1 444.75 万亩，比 2022 年收获面积增加 357.27 万亩、增长 32.85%。总的看，各繁种基地前期气候较好、土壤墒情充足、分蘖成穗率高，灌浆后期部分区域遭遇干热风或高温干旱、导致千粒重下降 3 克左右，种子收获较往年提前一周，单产 478 千克/亩；繁种总产 69.02 亿千克，比 2022 年增加 20.52 亿千克，增长 42.31%。商品种子需求量预计 40.5 亿千克，供需比约 170%，供给严重大于需求。

2023 年，冬油菜繁制种收获面积 25.34 万亩，比 2022 年增加 1.57 万亩、增长 6.60%，其中杂交油菜 21.69 万亩，常规油菜 3.66 万亩；新产油菜种子 2 779.42 万千克，比 2022 年增加 233.73 千克，增长 9.18%。加上期末有效库存约 340 万千克，可供种子总量约 3 119.42 万千克，商品种子需求量预计 2 604.9 万千克，供需比约 120%，能够满足大田用种需求。

2023 年，全国常规水稻繁种收获面积 239.54 万亩，比 2022 年增加 11.86 万亩、增长 5.21%；单产 539 千克/亩，新产种子 12.91 亿千克，比 2022 年增加 1.09 亿千克、增长 9.22%。其中，北方稻区新产种子 7.48 亿千克，比 2022 年增加 6.86%；南方稻区新产种子 5.43 亿千克，比 2022 年增加 12.66%。商品种子需求量预计 5.9 亿千克，供需比约为 219%，供给严重大于需求。

2023 年，全国棉花繁制种收获面积 157.85 万亩，比 2022 年减少 10.91 万亩、下降 6.46%；单产 102 千克/亩，新产种子 1.61 亿千克，比 2022 年减少 0.15 亿千克、下降 8.52%。其中，杂交棉制种收获面积 1.58 万亩、新产种子 130.86 万千克，主要集中在湖北、湖南等长江流域棉区；常规棉繁种收获面积 156.27 万亩、新产种子 1.60 亿千克，新疆、甘肃等西北内陆棉区产量占比达 95.65%。受棉花期货持续下跌及植棉户收益下降影响，植棉积极性有所减弱，商品种子需求量约 0.78 亿千克，供需比约为 206%，供给严重大于需求。

2023 年，全国马铃薯繁种收获面积 184.64 万亩，新产种薯 40.14 亿千克，分别比 2022 年减少 24.36 万亩、2.86 亿千克。春小麦繁种收获面积 59.19 万亩，新产种子 2.40 亿千克，分别比 2022 年增加 4.19 万亩、0.48 亿千克。春油菜繁种收获面积 10.67 万亩，新产种子 1 273.80 万千克，分别比 2022 年增加 1.34 万亩、129.80 万千克。按照常年的需种量和商品化率计算，上述作物商品种子供应量均能有效满足 2024 年大田生产需求。

二、重要农作物种子使用情况

根据 30 个省份（除西藏外）2 266 个农业县主要农作物种子使用情况调查，2023 年全国 7 种重要农作物用种面积 18.31 亿亩，总用种量 107.29 亿千克，商品化率为 76.34%，商品种子使用量 81.91 亿千克。

（一）种子使用总量

1. 用种面积[①]

2023年，全国玉米、水稻、小麦、大豆、马铃薯、棉花、油菜7种重要农作物用种面积18.31亿亩，比2022年增加0.20亿亩。其中玉米面积6.63亿亩、水稻4.34亿亩、小麦3.54亿亩、大豆1.57亿亩、油菜1.16亿亩、马铃薯0.65亿亩、棉花0.42亿亩。7种重要农作物用种面积及其占比见图3-13。

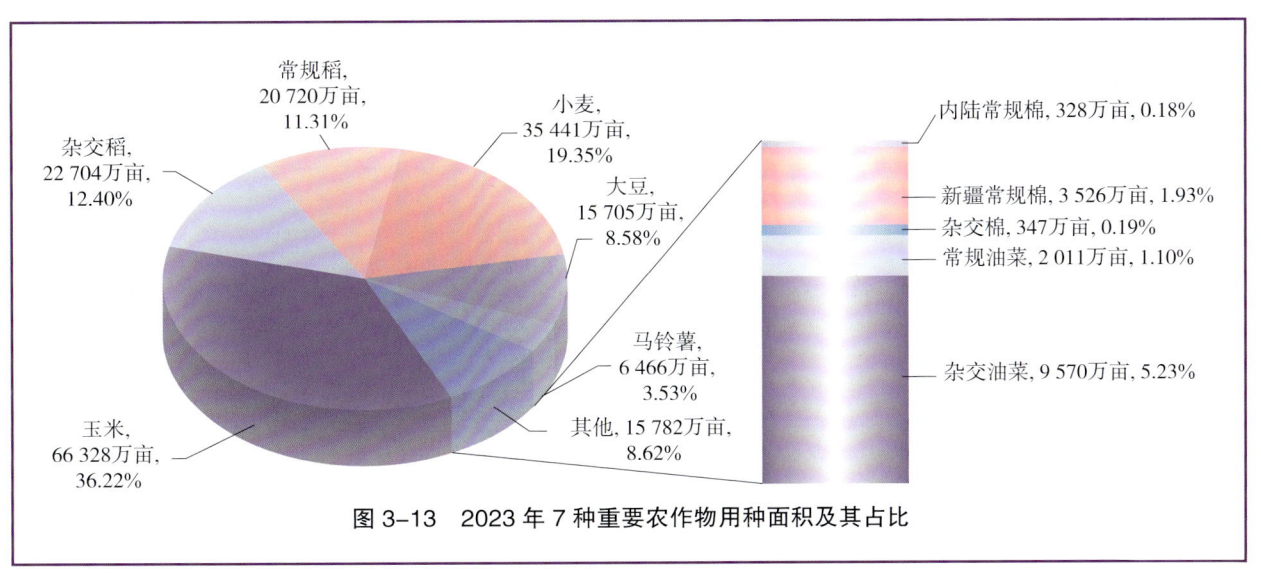

图3-13 2023年7种重要农作物用种面积及其占比

2. 亩用种量

2023年，杂交玉米亩用种量为1.83千克/亩，杂交水稻亩用种量为1.20千克/亩，与2022年基本持平。2014—2023年"两杂"种子亩用种量变化情况见图3-14。

图3-14 2014—2023年全国"两杂"种子亩用种量

---

① 玉米、水稻、小麦、棉花采用国家统计局数据，其他作物采用全国农业技术推广服务中心夏季供需调度大田面积数据。

2023年,全国小麦亩用种量为16.10千克/亩,比2022年增加2.22千克/亩;受"烂场雨"影响,各主产区普遍加大了播种量。2014—2023年小麦亩用种量变化情况见图3-15。

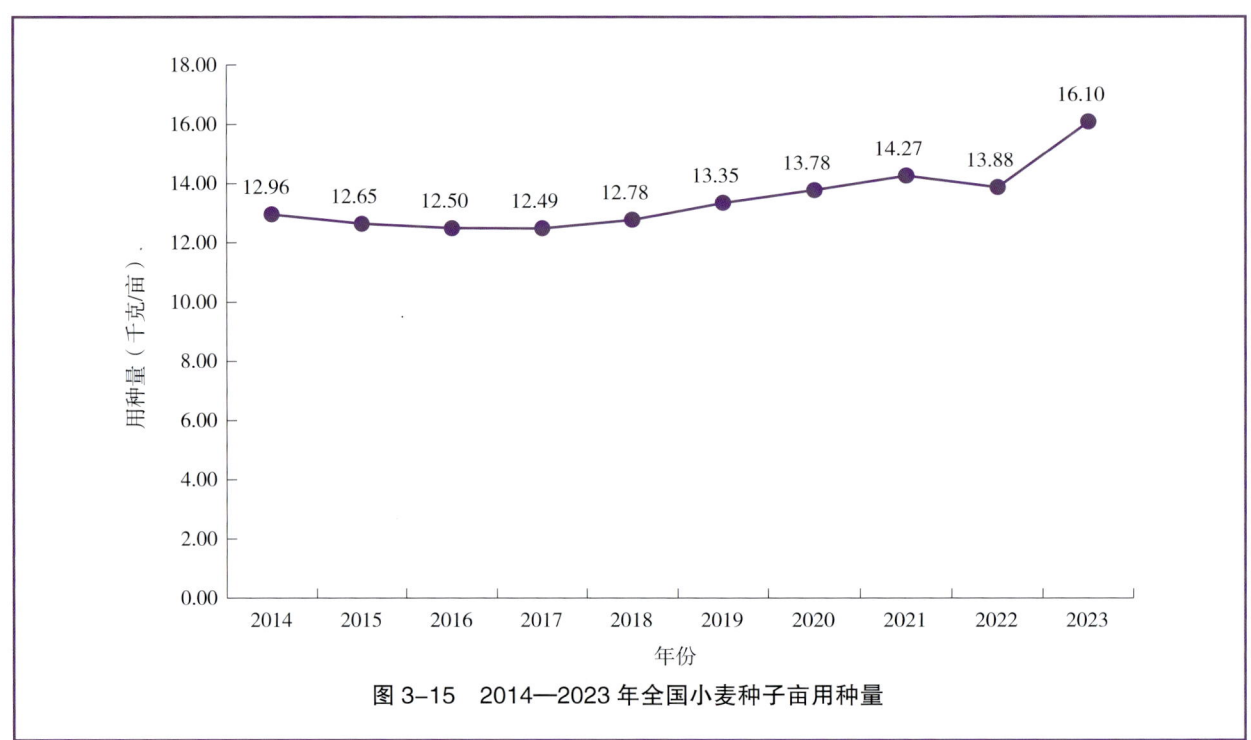

图3-15　2014—2023年全国小麦种子亩用种量

2023年,常规水稻亩用种量为4.34千克/亩,与2022年基本持平。大豆亩用种量4.71千克/亩,比2022年增加0.29千克/亩。2014—2023年常规水稻和大豆亩用种量变化情况见图3-16。

图3-16　2014—2023年全国常规水稻和大豆种子亩用种量

2023年,马铃薯种薯亩用种量为138.35千克/亩,与2022年基本持平。2014—2023年马铃薯种薯亩用种量变化情况见图3-17。

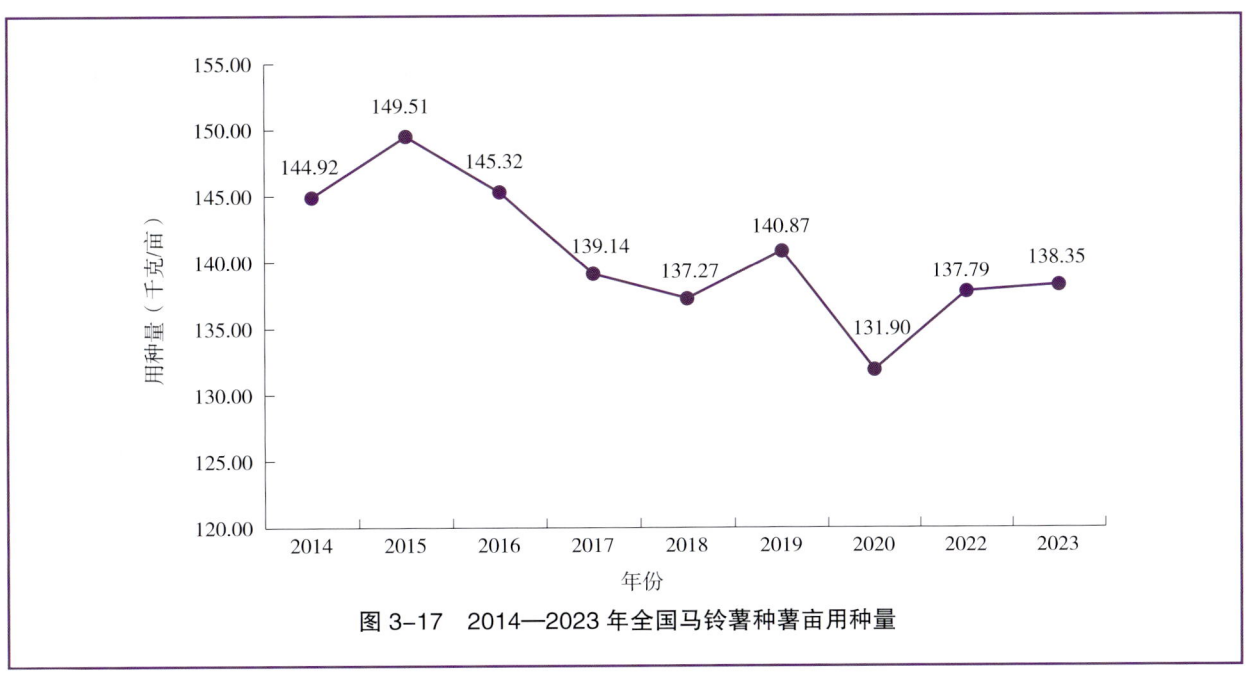

图 3-17　2014—2023 年全国马铃薯种薯亩用种量

2023 年，杂交棉亩用种量为 0.70 千克 / 亩，比 2022 年增加 0.19 千克 / 亩。杂交油菜、常规油菜亩用种量分别为 0.24 千克 / 亩、0.47 千克 / 亩。2014—2023 年油菜、杂交棉亩用种量变化情况见图 3-18。

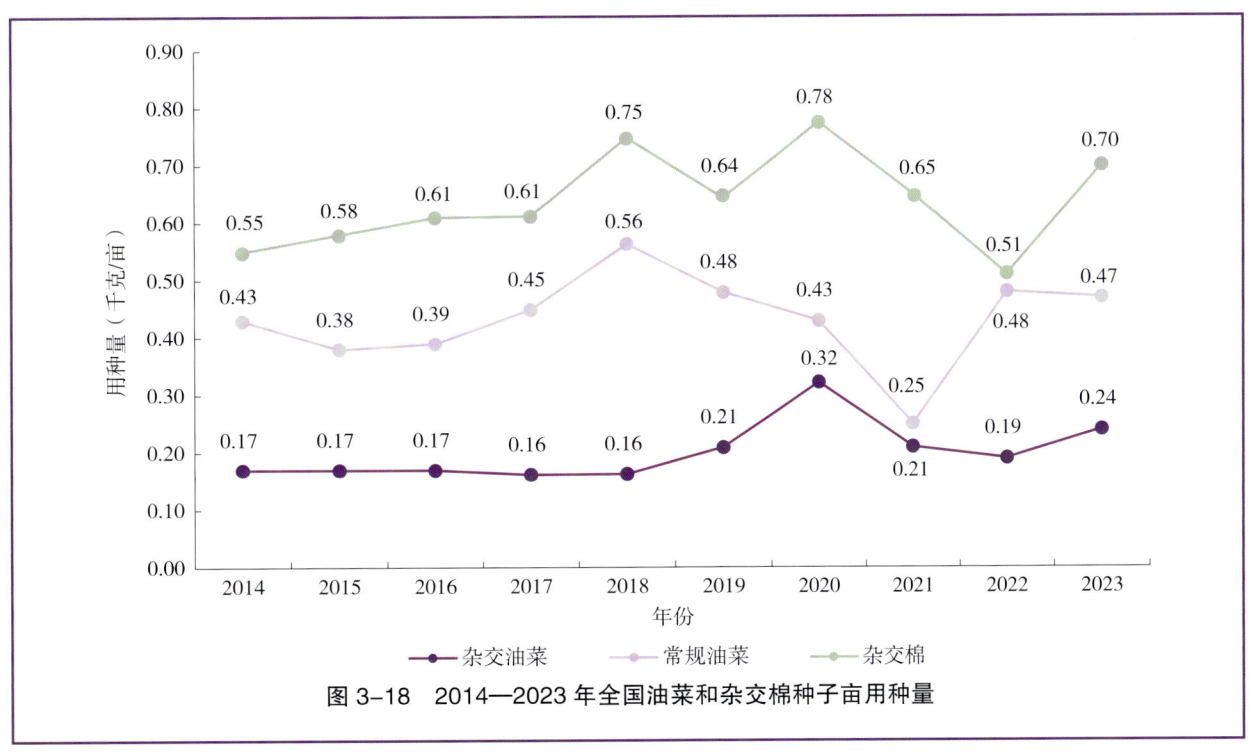

图 3-18　2014—2023 年全国油菜和杂交棉种子亩用种量

2023 年，内陆常规棉和新疆常规棉亩用种量均为 1.94 千克 / 亩，与 2022 年相比，内陆常规棉增加 0.57 千克/亩，新疆常规棉基本持平。2014—2023 年常规棉亩用种量变化情况见图 3-19。

图 3-19　2014—2023 年全国常规棉种子亩用种量

3. 种子使用总量

2023 年，7 种重要农作物种子使用总量为 107.29 亿千克，各作物种子使用量情况见表 3-1。

表 3-1　2023 年各作物种子使用量情况

作物	用种面积（万亩）	种子使用总量（万千克）	亩用种量（千克/亩）
玉米	66 328	121 544.98	1.83
杂交水稻	22 704	27 166.86	1.20
常规水稻	20 720	89 930.47	4.34
小麦	35 441	570 586.04	16.10
大豆	15 705	73 898.37	4.71
马铃薯	6 466	178 885.03	138.35
内陆常规棉	328	637.25	1.94
新疆常规棉	3 526	6 827.00	1.94
杂交棉	347	242.81	0.70
常规油菜	2 011	946.41	0.47
杂交油菜	9 570	2 258.16	0.24
合计	183 146	1 072 923.38	—

注：马铃薯种子用量按 5∶1 折算。

(二)商品种子使用量

1. 种子商品化率

根据各地调查的种子商品化率,用各地各作物的面积加权估算出全国 7 种重要农作物种子商品化率见图 3-20。

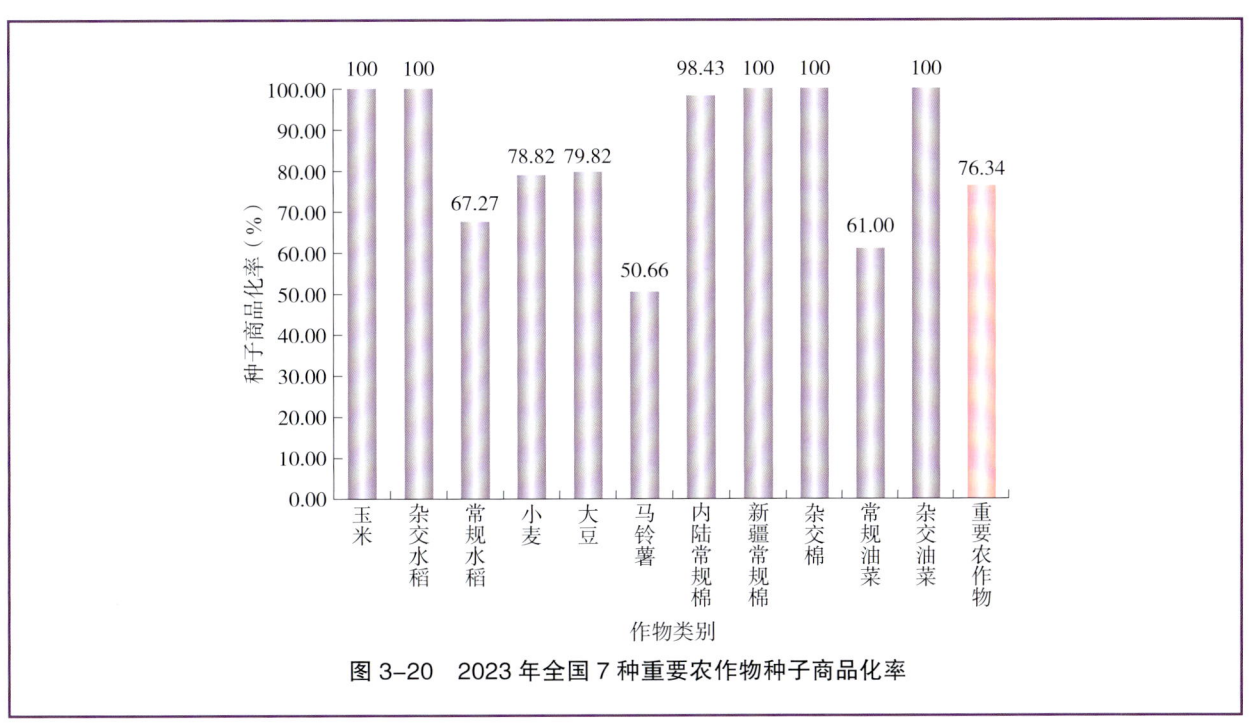

图 3-20　2023 年全国 7 种重要农作物种子商品化率

2023 年,7 种重要农作物种子商品化率为 76.34%,比 2022 年提高 4.42 个百分点。2014—2023 年 7 种重要农作物种子商品化率变化趋势见图 3-21。

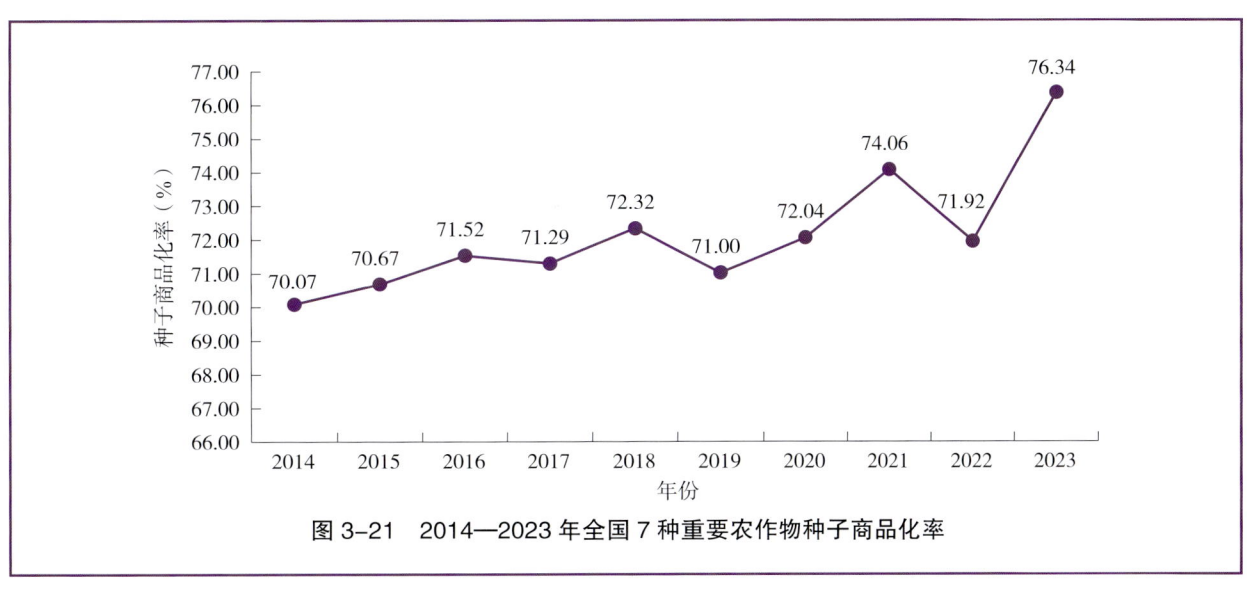

图 3-21　2014—2023 年全国 7 种重要农作物种子商品化率

2023 年,全国小麦种子商品化率为 78.82%,比 2022 年提高 6.58 个百分点;常规水稻种子商品化率为 67.27%，比 2022 年提高 1.66 个百分点。2014—2023 年小麦和常规水稻种子商品化率变化趋势见图 3-22。

图 3-22　2014—2023 年全国小麦和常规水稻种子商品化率

2023 年，全国大豆种子商品化率为 79.82%，比 2022 年提高 1.42 个百分点；内陆常规棉种子商品化率 98.43%，比 2022 年提高 5.40 个百分点。2014—2023 年大豆和内陆常规棉种子商品化率变化趋势见图 3-23。

图 3-23　2014—2023 年全国大豆和内陆常规棉种子商品化率

我国农作物种子市值变动情况见图 3-31。

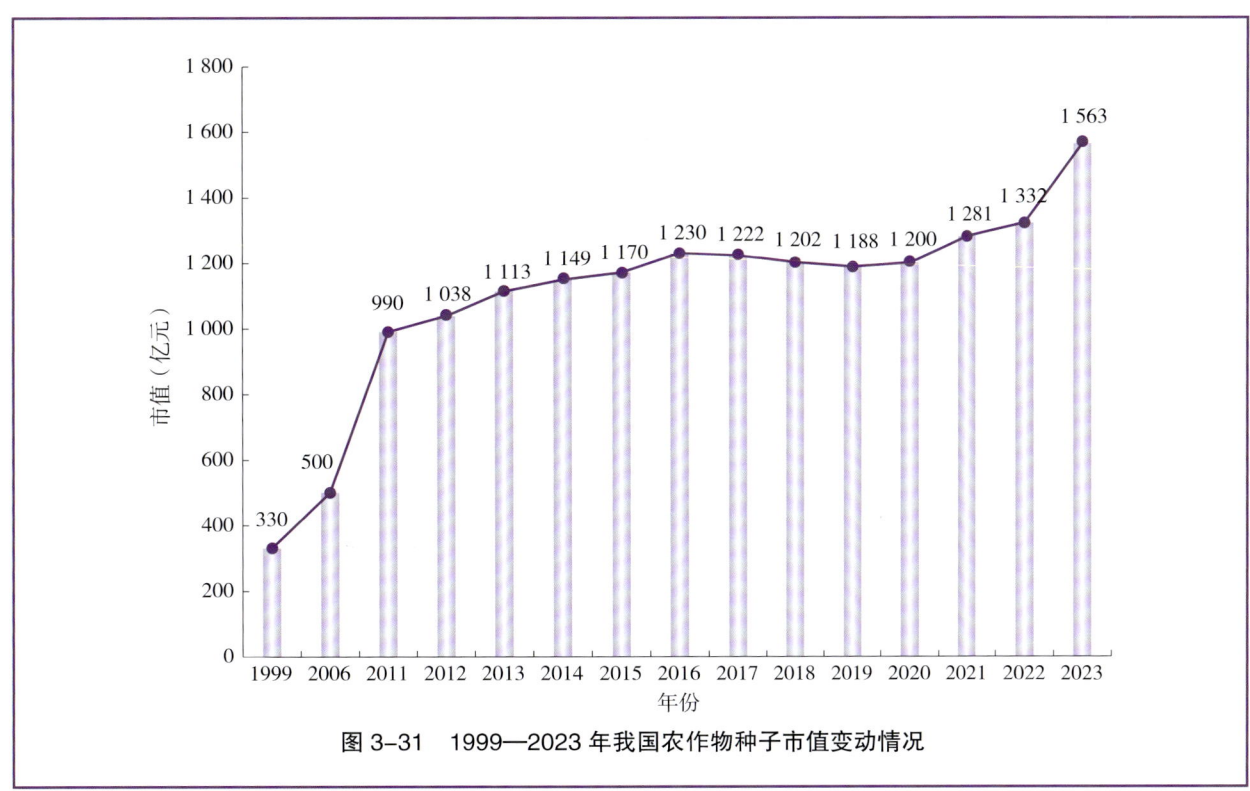

图 3-31　1999—2023 年我国农作物种子市值变动情况

2023 年，全国杂交玉米种子市值为 473.41 亿元，比 2022 年增加 96.48 亿元、增长 25.60%。2014—2023 年杂交玉米种子市值情况变化趋势见图 3-32。

图 3-32　2014—2023 年杂交玉米种子市值情况

2023 年，全国杂交水稻种子市值为 183.53 亿元，比 2022 年增加 5.15 亿元、增长 2.89%；常规

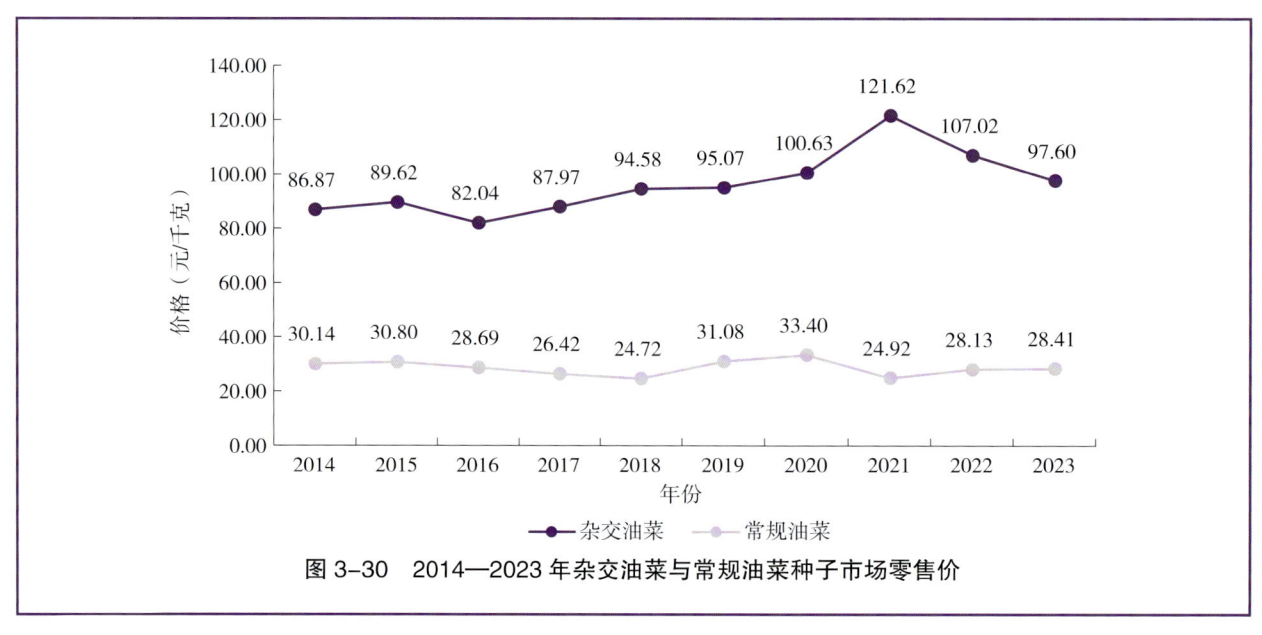

图 3-30　2014—2023 年杂交油菜与常规油菜种子市场零售价

(二) 种子市值及分布

1. 种子市场规模

根据 7 种重要农作物商品种子使用量、种子价格计算，2023 年全国重要农作物种子市值合计 1 218.04 亿元。根据业内专家估算，花生、瓜类、蔬菜、花卉类作物的市值约 290 亿元，其他类种子市值（杂粮、甘蔗、水果苗木等）约 55 亿元，全国种子市场总规模首次突破 1 500 亿，达到 1 563.04 亿元。种子市场细分情况见表 3-4。

表 3-4　2023 年全国农作物种子市值情况

作物	商品种子使用量（万千克）	加权单价（元/千克）	市值（亿元）
杂交玉米	121 545.11	38.95	473.41
杂交水稻	27 166.86	67.56	183.53
常规水稻	60 498.73	9.49	57.40
小麦	449 735.75	5.44	244.67
大豆	58 984.19	10.68	62.99
马铃薯	90 617.06	3.28	148.43
内陆常规棉	627.24	22.96	1.44
新疆常规棉	6 827.03	29.85	20.38
杂交棉	242.81	86.90	2.11
常规油菜	577.35	28.41	1.64
杂交油菜	2 258.16	97.60	22.04
瓜、菜、花	—	—	290.00
其他	—	—	55.00
合计	—	—	1 563.04

2023 年，种子市值比 2022 年（1 332.36 亿元）增加 230.68 亿元、增长 17.31%。1999—2023 年

图 3-28　2014—2023 年常规水稻与大豆种子市场零售价

2023 年，杂交棉种子市场零售价为 86.90 元/千克，比 2022 年下降 18.06 元/千克。内陆常规棉和新疆常规棉种子市场零售价分别为 22.96 元/千克和 29.85 元/千克，分别比 2022 年下降 0.67 元/千克、上涨 1.85 元/千克。2014—2023 年杂交棉、内陆常规棉与新疆常规棉种子市场零售价变化趋势见图 3-29。

图 3-29　2014—2023 年杂交棉、内陆常规棉与新疆常规棉种子市场零售价

2023 年，杂交油菜种子市场零售价格为 97.60 元/千克，比 2022 年下降 9.42 元/千克，主要是湖南、湖北、江西等地都由政府统一采购种子，种子价格仅为市场价格的一半。常规油菜种子市场零售价为 28.41 元/千克，与 2022 年基本持平。2014—2023 年杂交油菜与常规油菜种子市场零售价变化趋势见图 3-30。

稻种子市场零售价格为 67.56 元/千克，比 2022 年上涨 2.83 元/千克。2014—2023 年"两杂"种子市场零售价变化趋势见图 3-26。

图 3-26　2014—2023 年"两杂"种子市场零售价

2. 其他重要农作物种子价格

2023 年，马铃薯种薯和小麦种子市场价格分别为 3.28 元/千克和 5.44 元/千克，分别比 2022 年上涨 0.21 元/千克和 0.88 元/千克。2014—2023 年马铃薯种薯与小麦种子市场零售价变化趋势见图 3-27。

图 3-27　2014—2023 年马铃薯种薯与小麦种子市场零售价

2023 年，常规水稻种子市场价为 9.49 元/千克，比 2022 年上涨 1.47 元/千克；大豆种子市场价格为 10.68 元/千克，比 2022 年上涨 0.60 元/千克；2014—2023 年常规水稻与大豆种子市场零售价变化趋势见图 3-28。

（续表）

类别	商品编码	商品名称
油	12011000	种用大豆
	12023000	种用花生
	12051010	种用低芥子酸油菜子
	12059010	其他种用油菜子
	12060010	种用葵花子
	12071010	种用棕榈果及棕榈仁
	12073010	种用蓖麻子
	12074010	种用芝麻
	12075010	种用芥子
	12076010	种用红花子
	12079910	其他种用含油子仁及果实
棉	12072100	种用棉子
糖	12091000	糖甜菜子
菜	07131010	种用豌豆
	12077010	种用甜瓜子
	12092910	甜菜子（糖甜菜子除外）
	12099110	胡萝卜种子
	12099120	西蓝花种子
	12099130	番茄种子
	12099140	洋葱种子
	12099150	菠菜种子
	12099190	其他蔬菜种子
花	12093000	草本花卉植物种子

三、重要农作物种子价格与市值

（一）商品种子价格

商品种子价格受生产成本、粮价政策、供求关系、品种定位、销售时间、销售区域、种业企业与零售商策略等多种因素的影响。本报告根据2023年各省统计的重要作物种子市场零售价，按各省作物商品种子需求量权重做加权平均处理，得到全国重要农作物种子市场零售价格如下。

1."两杂"种子市场价格

2023年，杂交玉米种子市场零售价格为38.95元/千克，比2022年上涨6.65元/千克；杂交水出口方面。粮食作物类种子的出口量最大，出口量 2.67 万吨，占总出口量 80.66%，主要包括水稻种子、种用玉米、种用马铃薯以及部分豆类种子，其中水稻种子出口量 2.38 万吨；粮食作物类种子出口额 1.06 亿美元，占总出口额 36.05%。蔬菜类（主要包含蔬菜及甜瓜等）种子的出口额最大，出口额 1.56 亿美元，占总出口额 53.06%；出口量 3 710 吨，占总出口量 11.21%。油料作物类种子出口量 1 562 吨，占总出口量 4.72%；出口额 851 万美元，占总出口额 2.90%。花卉类种子出口量 695 吨，占总出口量 2.10%；出口额 2 179 万美元，占总出口额 7.42%。棉类种子出口量 383 吨，占总出口量 1.16%；出口额 96 万美元，占总出口额 0.33%。从国别来看，2023 年农作物种子前 10 大出口目的国分别为：巴基斯坦、荷兰、菲律宾、美国、越南、韩国、日本、意大利、约旦、土耳其。根据出口作物类别，这些主要出口目的国主要分为两类：一类是以巴基斯坦、菲律宾、越南为代表，主要出口粮食类种子，同时我国还向这些国家出口蔬菜种子和油料作物类种子等；另一类是以荷兰、美国、日本、意大利为代表，主要出口蔬菜种子和花卉类种子。

表 3-3　2023 年农作物种子统计口径（与 2022 年统计口径不同）

类别	商品编码	商品名称
粮	07011000	种用马铃薯
	07132010	种用鹰嘴豆
	07133210	种用红小豆（赤豆），脱荚的，干的
	07133310	种用芸豆
	07134010	种用扁豆
	07135010	种用蚕豆
	07139010	种用其他脱荚干豆
	07142011	种用甘薯
	10011100	种用硬粒小麦
	10019100	种用其他小麦及混合麦
	10021000	种用黑麦
	10031000	种用大麦
	10051000	种用玉米
	10061021	种用长粒米稻谷（粒长＞6 毫米或长宽比≥2）
	10061029	种用中短粒米稻谷（粒长≤6 毫米且长宽比＜2）
	10071000	种用食用高粱
	10082100	种用谷子
	10086010	种用黑小麦
	10089010	其他种用谷物

（三）种子进出口

根据中国海关信息网数据，2023年我国农作物种子（统计口径[①]见表3-3）进出口总量4.12万吨，比2022年减少9.63%。其中，进口量0.81万吨，比2022年减少37.69%；出口量3.31万吨，比2022年增长1.53%。进出口总额6.33亿美元，比2022年增长1.51%。其中，进口额3.39亿美元，较2022年略降，占进出口总额53.55%；出口额2.94亿美元，比2022年增长3.89%，占进出口总额46.45%。贸易逆差0.45亿美元。

在近三年里，农作物种子进出口贸易整体呈上升趋势。进口量有所减少，进口额保持平稳；出口量有所减少，出口额逐年递增。进口额始终大于出口额，始终呈贸易逆差（图3-25）。

图3-25　2021—2023年我国农作物种子进出口贸易趋势图

进口方面。我国蔬菜类（主要包含蔬菜及甜瓜等）种子的进口量和进口额占比较大，进口量7 095吨，占总进口量87.42%；进口额2.77亿美元，占总进口额81.71%。糖料作物类种子全部为糖甜菜子，进口量566吨，占总进口量6.97%，进口额1 944万美元，占总进口额5.74%。粮食作物类种子，进口量331吨，占总进口量4.08%；进口额482万美元，占总进口额1.42%；其中玉米种子进口量242吨，进口额464万美元。油料作物类种子进口量61吨，占总进口量0.75%；进口额660万美元，占总进口额1.95%。花卉类种子进口量63吨，占总进口量0.78%；进口额3 072万美元，占总进口额9.06%。从国别来看，2023年农作物种子前10大进口来源国分别为：智利、泰国、美国、丹麦、日本、意大利、南非、德国、法国、印度。我国从这些进口国主要进口蔬菜类种子，此外，我国还从德国和意大利进口糖甜菜子。

[①] 2022年及以前年份的统计口径包括根及块茎种子、食用水果及坚果种子、玉米种子、水稻种子、油料作物种子、糖料作物种子、饲料作物种子、蔬菜种子、草本花卉种子、其他种植用种子、果实及孢子。2023年依据国务院关税税则委员会公布的税则号，将以种子形式引进的粮、棉、油、糖、蔬菜和草本花卉纳入统计口径，种用花卉和果树的球茎或根茎等不按重量，计算暂不纳入统计口径。此外，草种不再纳入农作物统计口径。据此，本报告中提到的与2022年的比较均是按照新口径统计数据比较计算而得。

2023年，全国马铃薯种薯商品化率为50.66%，比2022年提高3.48个百分点；常规油菜种子商品化率为61.00%，比2022年提高9.95个百分点。2014—2023年马铃薯种薯和常规油菜种子商品化率变化趋势见图3-24。

图3-24 2014—2023年全国马铃薯种薯和常规油菜种子商品化率

2. 商品种子使用量

利用7种重要农作物2023年总用种量及其种子商品化率，计算出的各作物商品种子使用量见表3-2。

表3-2 2023年7种重要农作物的商品种子使用量

作物	种子使用总量（万千克）	商品种子用量（万千克）	种子商品化率（%）
玉米	121 545.11	121 545.11	100.00
杂交水稻	27 166.86	27 166.86	100.00
常规水稻	89 930.47	60 498.73	67.27
小麦	570 586.04	449 735.75	78.82
大豆	73 898.37	58 984.19	79.82
马铃薯	178 885.03	90 617.06	50.66
内陆常规棉	637.25	627.24	98.43
新疆常规棉	6 827.00	6 827.03	100.00
杂交棉	242.81	242.81	100.00
常规油菜	946.41	577.35	61.00
杂交油菜	2 258.16	2 258.16	100.00
合计	1 072 923.51	819 080.29	76.34

注：马铃薯种薯用量按5∶1折算。

水稻种子市值为 57.40 亿元，比 2022 年增加 9.16 亿元、增长 18.99%。2014—2023 年杂交水稻与常规水稻种子市值情况变化趋势见图 3-33。

图 3-33　2014—2023 年杂交水稻与常规水稻种子市值情况

2023 年，全国大豆种子市值为 62.99 亿元，比 2022 年增加 9.37 亿元、增长 17.47%；小麦种子市值为 244.67 亿元，比 2022 年增加 83.37 亿元、增长 51.69%；马铃薯种薯市值为 148.43 亿元，比 2022 年增加 22.18 亿元、增长 17.57%。2014—2023 年大豆、小麦、马铃薯种子市值变化趋势见图 3-34。

图 3-34　2014—2023 年大豆、小麦、马铃薯种子市值情况

2023 年，新疆常规棉种子市值为 20.38 亿元，比 2022 年增加 0.33 亿元、增长 1.65%；内陆常规棉种子市值为 1.44 亿元，比 2022 年减少 0.06 亿元、下降 4.00%。杂交棉种子市值为 2.11 亿元，比

2022 年增加 0.45 亿元、增长 27.11%。2014—2023 年内陆常规棉、新疆常规棉与杂交棉种子市值情况变化趋势见图 3-35。

图 3-35　2014—2023 年新疆常规棉、内陆常规棉与杂交棉种子市值情况

2023 年，全国常规油菜种子市值为 1.64 亿元，比 2022 年增加 0.13 亿元、增长 8.61%；杂交油菜种子市值为 22.04 亿元，比 2022 年增加 4.12 亿元、增长 22.99%。2014—2023 年常规油菜与杂交油菜种子市值情况变化趋势见图 3-36。

图 3-36　2014—2023 年常规油菜与杂交油菜种子市值情况

2. 各省份种子市值

各省份对本辖区 7 种重要农作物种子市值进行了调查估算[①]，具体情况见表 3-5。排名前 10 的省

---
① 由于各省份使用数据标准不统一，各省估算市值之和并不等于本报告中全国的种子市值。

份是河南、黑龙江、安徽、山东、内蒙古、河北、吉林、云南、湖北、新疆。

表 3-5 2023 年各省份 7 种重要农作物种子市值排名

序号	省份	种子市场规模（亿元）	序号	省份	种子市场规模（亿元）
1	河南	119.34	16	甘肃	34.79
2	黑龙江	106.14	17	山西	32.96
3	安徽	88.50	18	辽宁	32.73
4	山东	82.00	19	陕西	27.52
5	内蒙古	73.14	20	江西	22.07
6	河北	68.72	21	广东	15.15
7	吉林	66.00	22	重庆	12.94
8	云南	65.02	23	浙江	9.81
9	湖北	60.75	24	福建	9.71
10	新疆	60.00	25	宁夏	8.96
11	四川	55.84	26	天津	4.59
12	江苏	43.18	27	海南	3.01
13	广西	38.86	28	青海	1.31
14	贵州	37.14	29	上海	0.98
15	湖南	36.00	30	北京	0.88

3. 各重要农作物市值区域分布

2023 年，杂交水稻、常规水稻、杂交玉米、小麦、大豆、油菜、棉花、马铃薯种子市值第一大省份分别为湖南、黑龙江、黑龙江、河南、黑龙江、四川、新疆、云南。2023 年分作物种子市值排名前 10 省份见图 3-37 至图 3-44。

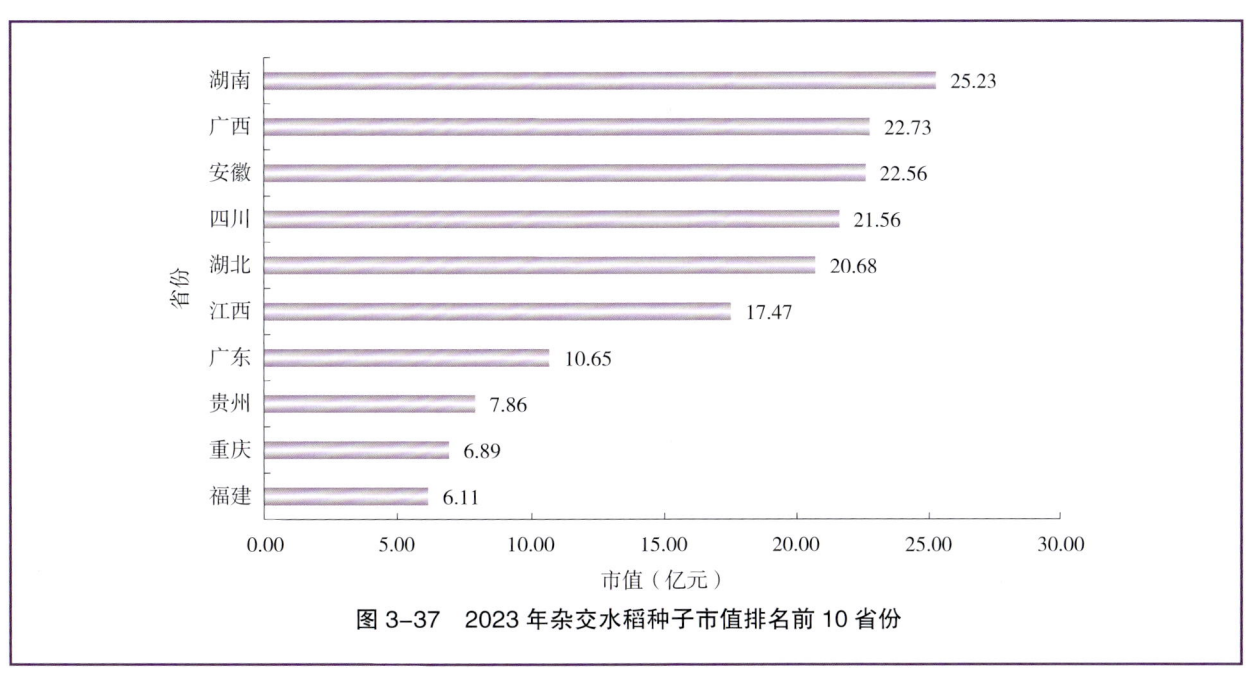

图 3-37 2023 年杂交水稻种子市值排名前 10 省份

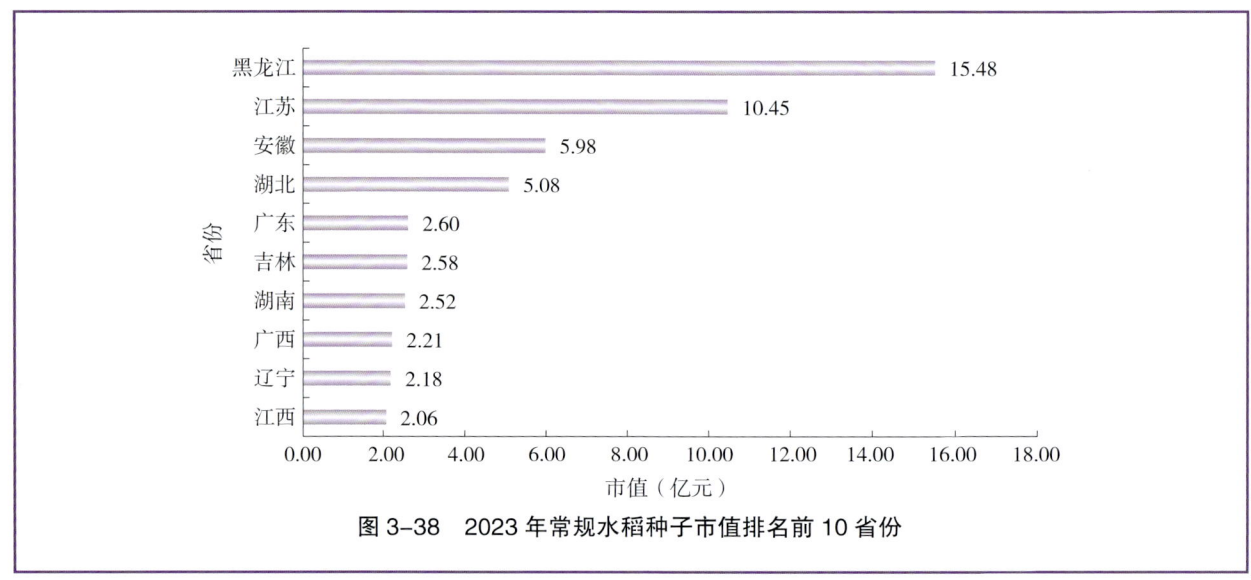

图3-38 2023年常规水稻种子市值排名前10省份

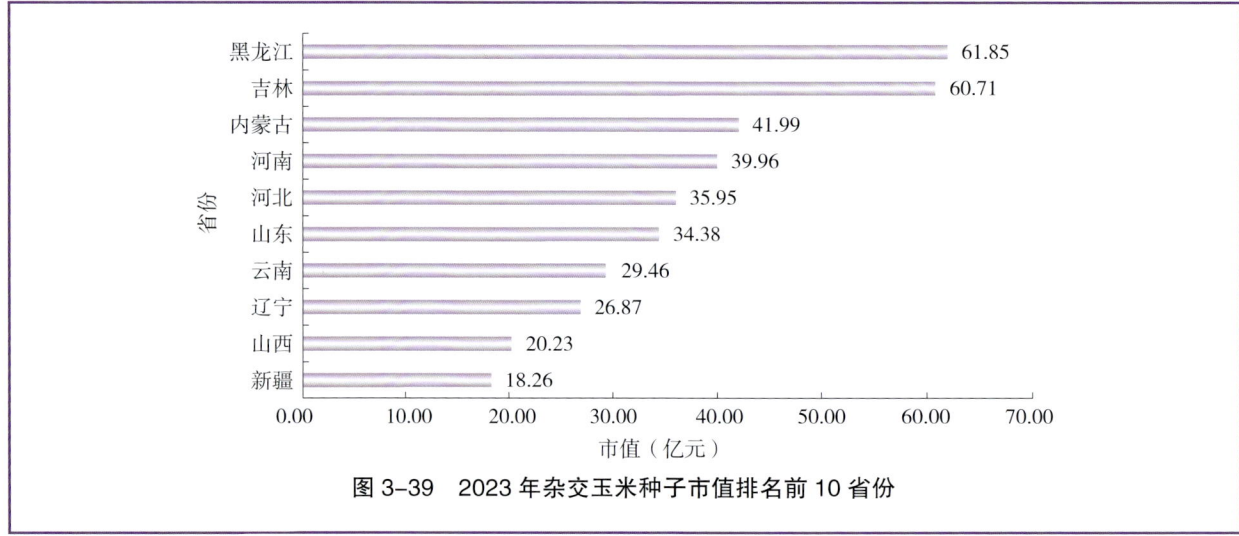

图3-39 2023年杂交玉米种子市值排名前10省份

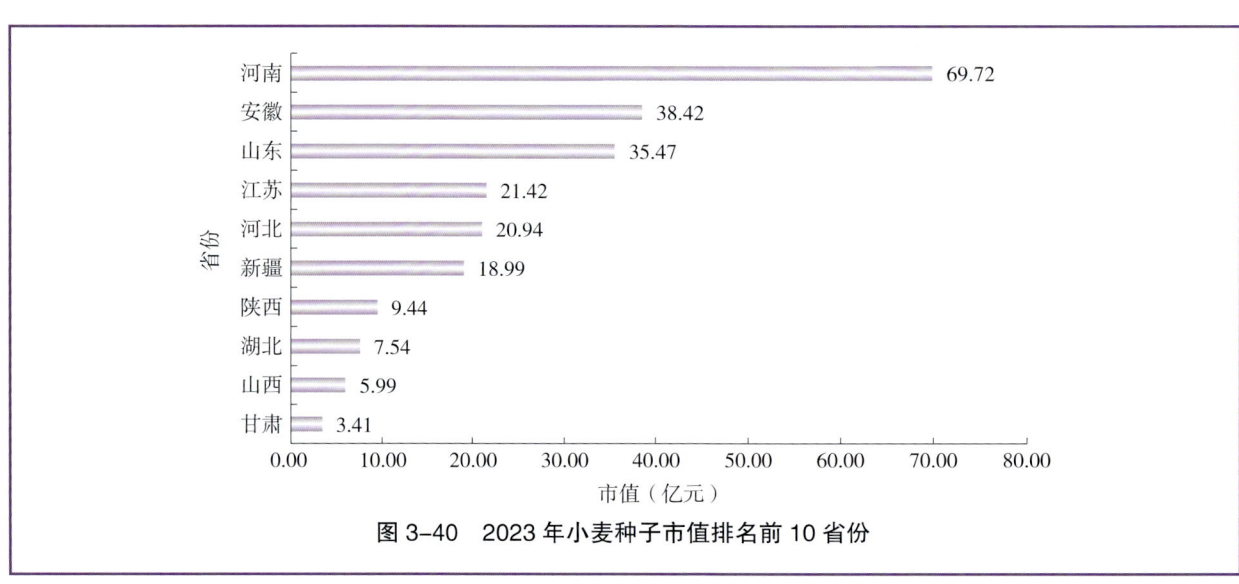

图3-40 2023年小麦种子市值排名前10省份

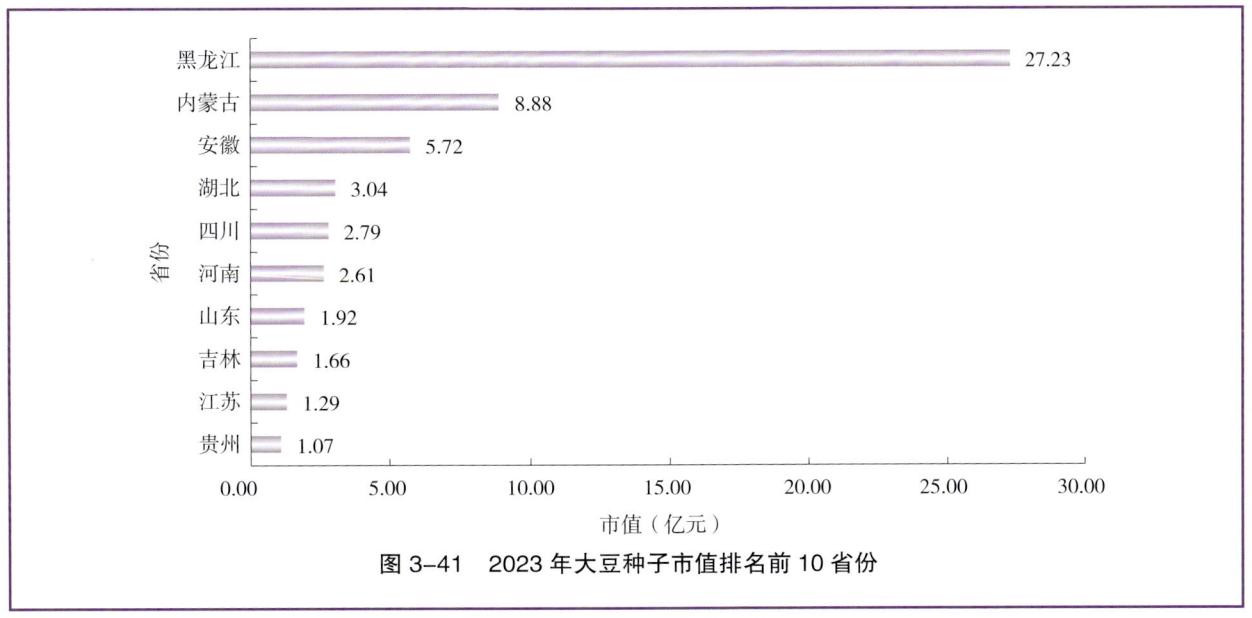

图 3-41　2023 年大豆种子市值排名前 10 省份

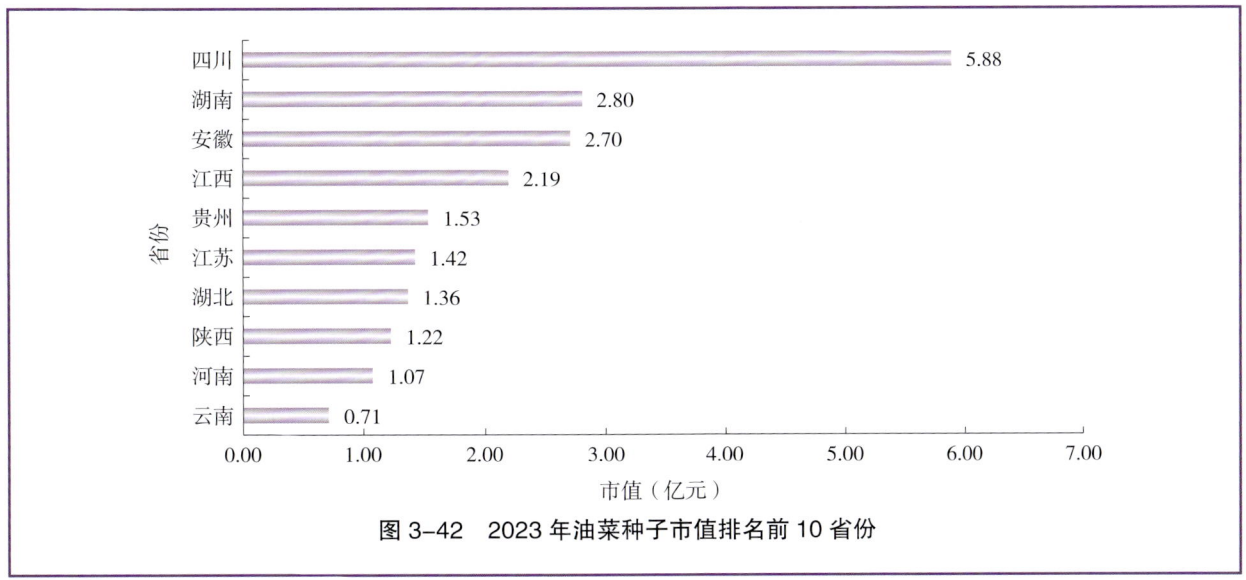

图 3-42　2023 年油菜种子市值排名前 10 省份

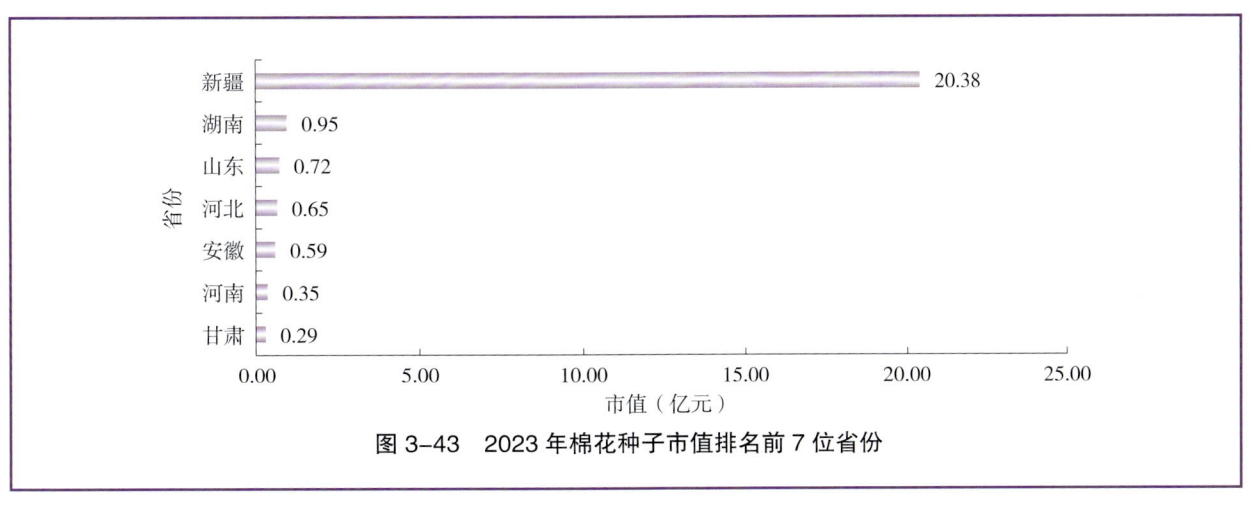

图 3-43　2023 年棉花种子市值排名前 7 位省份

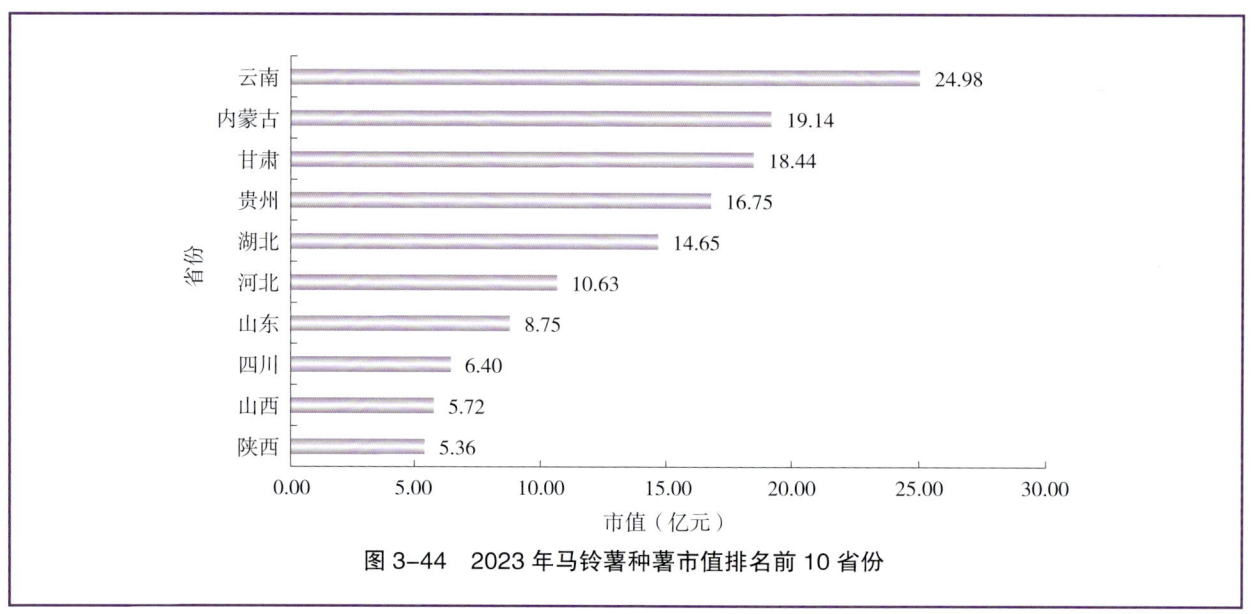

图 3-44　2023 年马铃薯种薯市值排名前 10 省份

四、农作物品种推广情况

（一）审定作物品种推广情况

根据全国农技中心对 5 种主要农作物推广面积统计，10 万亩以上品种有 2 443 个，其中 1 000 万亩以上品种有 7 个。

1. 玉米

推广面积在 10 万亩以上的玉米品种有 969 个，推广总面积 47 467 万亩。单个品种推广面积超过 1 000 万亩的有 4 个，MY73 的推广面积最大，占全国玉米种植面积的 4.29%。推广面积前 10 品种为 MY73、裕丰 303、中科玉 505、京科 968、登海 605、郑单 958、瑞普 909、联创 839、东单 1331、现代 959，年度推广总面积为 10 278 万亩，占 10 万亩以上玉米品种推广总面积的 21.65%。

前 5 玉米品种种植集中度（前 5 品种推广面积占 10 万亩以上品种推广总面积的比例，简称"CR5"）为 14.64%，比 2022 年降低 0.92 个百分点（图 3-45）。

2. 水稻

（1）杂交水稻

推广面积在 10 万亩以上的杂交水稻品种有 447 个，推广总面积 15 794 万亩。推广面积前 10 品种为晶两优华占、晶两优 534、野香优莉丝、隆两优 534、荃优 822、宜香优 2115、隆两优 8612、玮两优 8612、隆两优华占、泰优 390，年度推广总面积为 2 871 万亩，占 10 万亩以上杂交水稻品种推广总面积的 18.18%（图 3-46）。

图 3-45　2000—2023 年玉米品种的种植集中度（CR5）

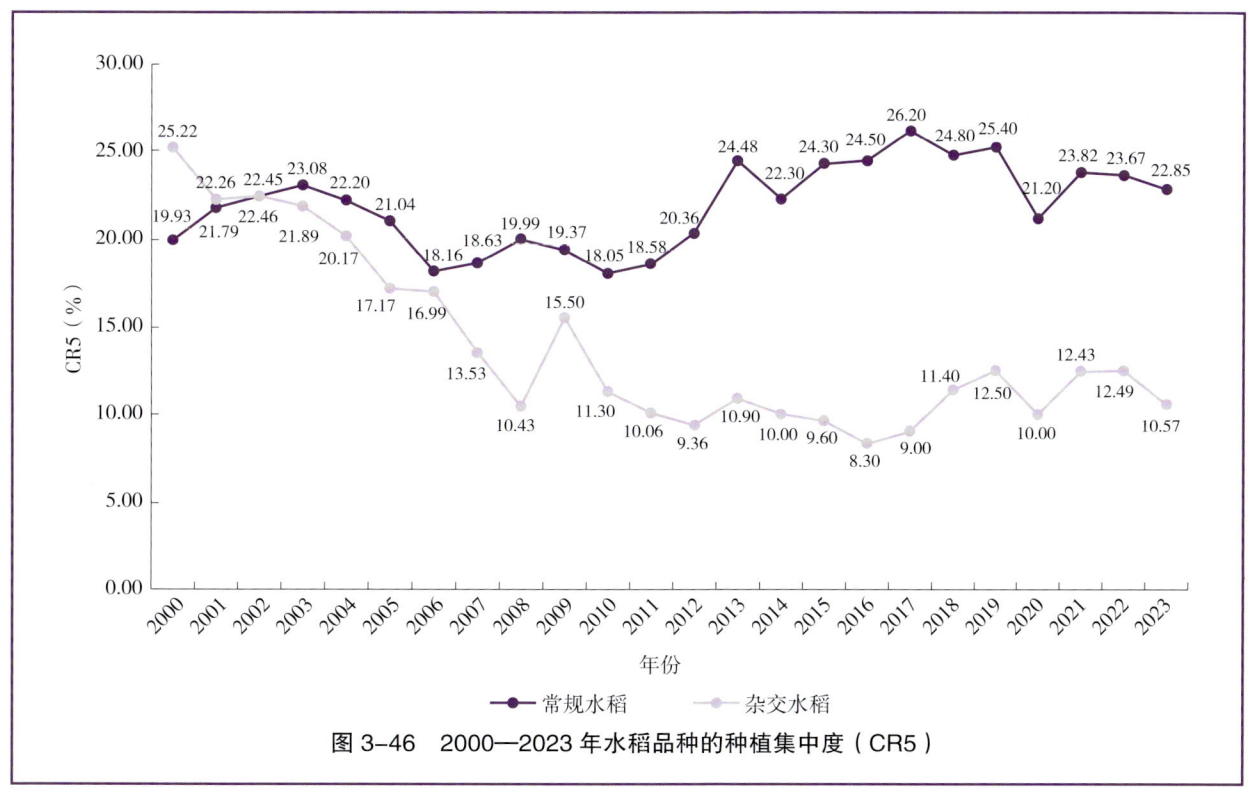

图 3-46　2000—2023 年水稻品种的种植集中度（CR5）

（2）常规水稻

推广面积在 10 万亩以上的品种有 276 个，推广总面积 13 205 万亩。推广面积前 10 品种为龙粳 31、黄华占、南粳 9108、绥粳 27、中嘉早 17、绥粳 18、中早 39、中科发 5 号、湘早籼 45 号、龙粳 1624，年度推广总面积为 4 225 万亩，占 10 万亩以上品种推广总面积的 32.00%。常规水稻 CR5 为 22.85%，比 2022 年降低 0.82 个百分点（图 3-46）。

3. 小麦

2023年小麦推广面积在10万亩以上的品种有417个，推广总面积30 701万亩。其中，前10品种为济麦22、郑麦1860、济麦44、中麦578、郑麦379、西农511、百农4199、烟农999、周麦36号、山农28号，年度推广总面积为8 659万亩，占10万亩以上的小麦品种推广总面积的28.20%。单个品种推广面积超过1 000万亩的有2个，与2022年一致。

冬小麦品种CR5为17.85%，比2022年降低0.3个百分点。推广面积最大的品种是济麦22，占10万亩以上小麦推广总面积的5.31%（图3-47）。

春小麦品种CR5为47.67%，比2022年提高3.98个百分点。居于前5的品种分别是宁春4号、龙麦35、宁春16号、新春44号和新春37号，其中宁春4号的推广面积最多，占10万亩以上春小麦品种推广总面积的12.92%（图3-47）。

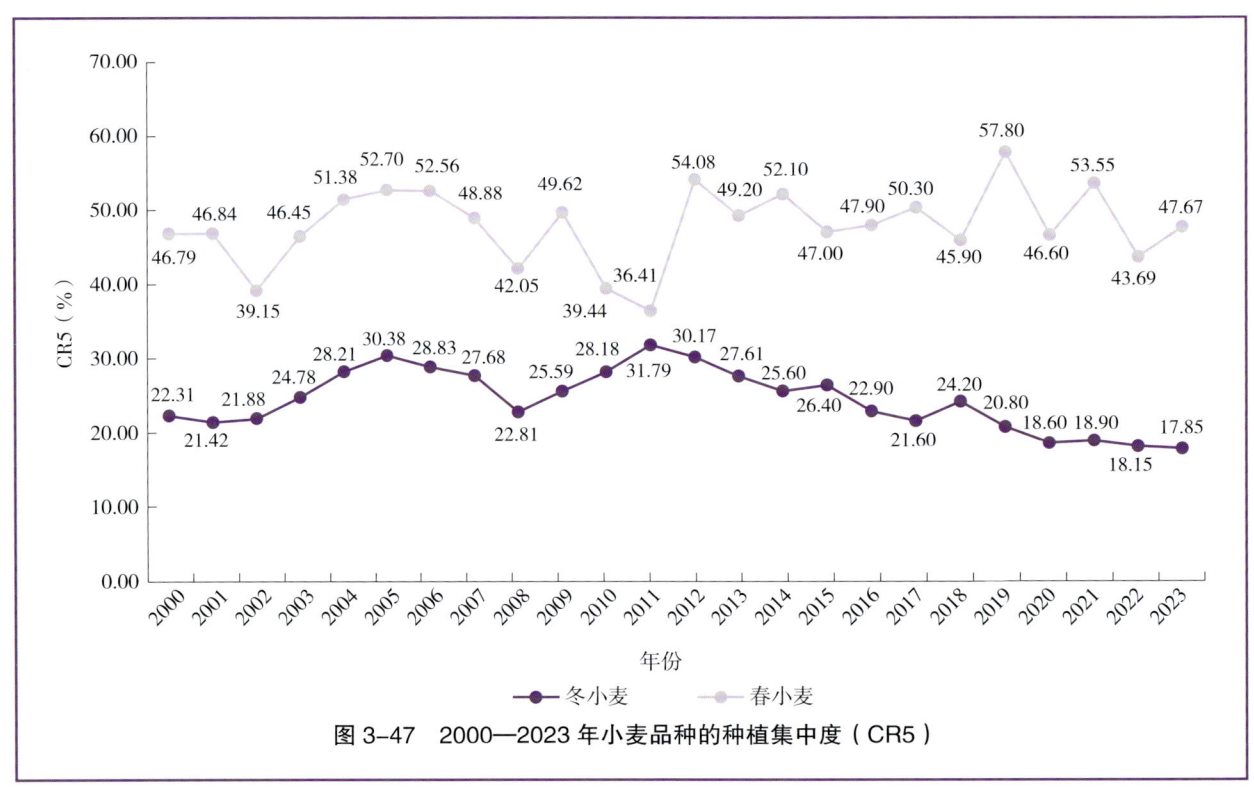

图3-47　2000—2023年小麦品种的种植集中度（CR5）

4. 大豆

推广面积在10万亩以上的品种有267个，推广总面积11 248万亩。其中，前10品种为黑河43、齐黄34、蒙豆1137、东生22、黑农84、合农95、黑农531、中黄13、黑科60、合农85，年度推广总面积为2 889万亩，占10万亩以上大豆品种推广总面积的25.68%，比2022年降低2.65个百分点。

5. 棉花

推广面积在10万亩以上的品种有67个，推广总面积3 590万亩。其中，前10品种均为常规棉,分别是塔河2号、新陆中67号、中棉113、新陆早84号、新陆中54号、新陆中87号、新陆早80号、J8031、新陆中78号、新陆中40号,年度推广总面积为1 919万亩,占10万亩以上棉花品种推广总面积的53.45%,比2022年提高3.55个百分点。

(二)登记作物品种推广情况

1. 粮食作物

据不完全统计(表3-6),2023年,马铃薯推广面积在50万亩以上的品种有20个,推广面积3 202万亩,占全国马铃薯推广总面积59.13%。其中,前10品种为青薯9号、费乌瑞它、威芋5号、陇薯7号、冀张薯12号、米拉、希森6号、丽薯6号、陇薯10号、晋薯16号,年度推广总面积为2 473万亩,占50万亩以上马铃薯推广面积的77.23%。超过200万亩的品种有青薯9号、费乌瑞它、威芋5号。甘薯推广面积在50万亩以上的品种有8个,年度推广总面积为819万亩,占全国甘薯推广总面积31.88%。其中,推广面积超过100万亩的品种有普薯32号、烟薯25号。

谷子推广面积在50万亩以上的品种有5个,推广面积482万亩,占全国谷子推广总面积的38.10%,其中,推广面积超过100万亩的品种有晋谷21、张杂谷13号。高粱推广面积在50万亩以上的品种有2个,分别是红缨子、晋杂22号。大麦(青稞)推广面积在50万亩以上的品种有2个,分别是喜马拉雅22、藏青2000。蚕豆推广面积在10万亩以上的品种有3个,推广面积69万亩。豌豆推广面积在10万亩以上的品种有3个,分别是台湾长寿仁、中豌6号、中豌4号,推广面积74万亩。

2. 油料作物

冬油菜推广面积在50万亩以上的品种有25个,推广面积2 847万亩,占全国冬油菜推广总面积的33.65%。其中,前10品种为沣油737、庆油3号、大地199、邡油777、油研2020、华油杂50、中油杂19、丰油730、庆油8号、华油杂62。推广面积大于100万亩的品种有沣油737、庆油3号、大地199、邡油777、油研2020、华油杂50、中油杂19、丰油730、庆油8号、华油杂62、赣油杂8号。春油菜推广面积在50万亩以上的品种是大黄菜籽、青杂12、青杂5号。花生推广面积在50万亩以上的品种有21个,推广面积2 568万亩,占总推广面积的45.02%,其中,推广面积在100万亩以上的品种有10个,分别是豫花37号、开农1760、山花9号、花育23号、豫花22号、开农1715、冀花19号、开农71、花育22号、豫花23号。亚麻(胡麻)推广面积在10万亩以上的品种有3个,分别是陇亚10号、晋亚7号、定亚22号,推广面积共93万亩,占总推广面积的46.50%。向日葵推广面积在50万亩以上的品种有5个,分别是SH361、HZ2399、同庆6号、SH363、三瑞9号,占总推广面积的36.50%。

表 3-6　2023 年登记作物品种推广面积

作物种类	品种总数（个）	总面积（万亩）	面积≥50 万亩（个）	合计（万亩）	10 万亩≤面积<50 万亩（个）	合计（万亩）	面积<10 万亩（个）	合计（万亩）
马铃薯	349	5 415	20	3 202	55	1 161	274	1 052
甘薯	386	2 569	8	819	39	601	339	1 149
谷子	205	1 265	5	482	14	263	186	520
高粱	218	900	2	264	12	202	204	434
大麦（青稞）	111	646	2	181	12	272	97	193
蚕豆	140	415	—	—	3	69	137	346
豌豆	104	282	—	—	3	74	101	208
春油菜	74	670	3	161	17	359	54	150
冬油菜	911	8 460	25	2 847	176	3 428	710	2 185
花生	546	5 704	21	2 568	83	1 635	442	1 501
亚麻（胡麻）	33	200	—	—	3	93	30	107
向日葵	180	1 063	5	388	13	289	162	386
甘蔗	101	1 572	5	1 064	18	332	78	176
甜菜	39	109	—	—	1	10	38	108
大白菜	270	992	1	60	13	210	256	722
结秋甘蓝	132	383	—	—	3	56	129	327
黄瓜	160	428	—	—	2	24	158	404
番茄	399	518	—	—	2	29	397	489
辣椒	433	1 328	—	—	14	214	419	1 114
茎瘤芥	30	204	1	65	5	74	24	65
西瓜	202	858	3	198	13	232	186	428
甜瓜	80	204	—	—	3	53	77	151
苹果	24	383	1	230	1	16	22	137
柑橘	183	1 762	6	555	36	689	141	518
香蕉	32	232	—	—	2	67	30	165
梨	51	188	—	—	4	76	47	112
葡萄	27	154	—	—	4	95	23	59
桃	78	202	—	—	3	45	75	157
茶树	165	1 399	6	404	27	583	132	412
橡胶树	24	345	4	268	2	28	18	49

3. 糖料作物

甘蔗推广面积在50万亩以上的品种有5个，占甘蔗推广总面积的67.68%，其中，推广面积超过100万亩的品种有桂糖42号、桂柳05136、桂糖44号。甜菜推广面积在10万亩以上的品种有KUHN1277。

4. 蔬菜

大白菜推广面积在10万亩以上的品种有14个，共270万亩，推广面积超过50万亩的是新三号。结球甘蓝推广面积在10万亩以上的品种有3个，分别是京丰一号、中甘21、中甘11号。黄瓜推广面积在10万亩以上的品种有2个，分别是津春4号、津优1号。番茄推广面积在10万亩以上的品种是普罗旺斯、毛粉802。辣椒推广面积在10万亩以上的品种有14个，分别是红龙23号、群星5号、邱北辣、椒虎、湘研十五号、鼎鼎红、太坤1号、湘椒15号、椒大大、苏椒5号、豫椒10号、椒中玉、白玉椒、湘研五号。茎瘤芥推广面积在50万亩以上的品种是永安小叶。西瓜推广面积在50万亩以上的品种有3个，分别是早佳8424、金城5号、甜王。甜瓜推广面积在10万亩以上的品种有3个，分别为西洲密25号、西洲密17号、86-1。

5. 果树、茶树、热带作物

苹果推广面积在10万亩以上的品种有2个，其中富士种植面积超过200万亩。柑橘推广面积在50万亩以上的品种有6个，分别是纽荷尔脐橙、冰糖橙、宫川、沃柑、沙田柚、尾张。香蕉推广面积在10万亩以上的品种是巴西蕉、广粉1号。梨推广面积在10万亩以上的品种有4个，分别是翠冠、酥梨、云南红、黄花梨。葡萄推广面积在10万亩以上的品种有4个，分别是阳光玫瑰、巨峰、夏黑、红提。桃推广面积在10万亩以上的品种有3个，分别是油桃、毛桃、湖景蜜露。茶树推广面积在50万亩以上的品种有6个，推广面积较大的品种有云抗10号、勐库大叶种、鸠坑种、龙井43、楮叶齐、保靖黄金茶1号等。橡胶树种植面积超过50万亩的品种有GT1、RRIM600、云研77-2、云研77-4。

五、农作物种子市场经营备案情况

我国种子生产经营备案分为分支机构备案、受委托生产备案、受委托代销备案和经营不分装备案4类。据不完全统计，2023年全国四类主体完成备案的机构和网点共有162 488个，共完成备案906 995单。本次主要分析受委托代销备案和经营不分装备案的情况。

（一）受委托代销备案

1. 各地委托受代销主体备案分布情况

2023年，全国备案的受委托代销主体共计20 838个，完成备案92 688单，不同省份受委托代销备案主体分布情况见图3-48。其中，新疆备案主体数量最多，有4 651个，其次为河南2 349个、山东2 179个、四川1 369个、贵州1 248个、山西1 072个，上述5个省份备案主体数量均超过1 000个，占比达到61.75%；备案主体数量小于100个的省份有9个，分别是湖北82个、浙江72个、湖南70个、吉林38个、天津37个、福建26个、青海10个、北京8个、上海1个，备案主体总计仅为344个。

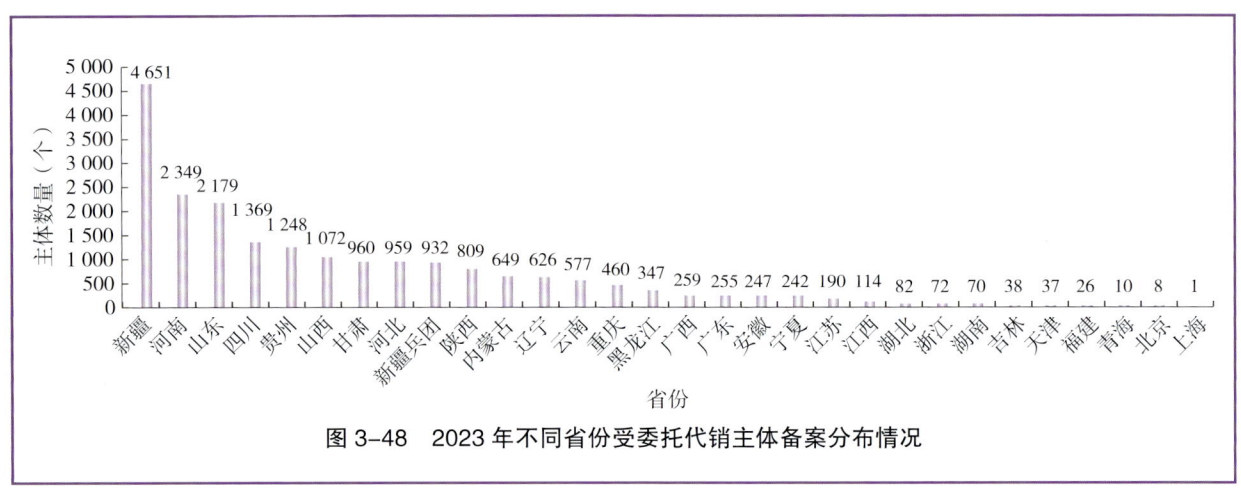

图3-48　2023年不同省份受委托代销主体备案分布情况

2. 各作物受委托代销主体备案分布情况

2023年，不同作物受委托代销主体备案分布情况见图3-49，玉米作为市值占比最大的农作物种子，备案主体数量最多，达到15 032个；其次是小麦、棉花、杂交水稻、油菜，备案主体数量依次为4 750个、3 350个、2 927个、1 078个；常规水稻、大豆和马铃薯备案主体数量都在1 000个以下，分别为887个、423个和74个。

图3-49　2023年不同作物受委托代销主体备案分布情况

注：一个备案主体可能经营多个作物，不同作物备案主体存在交叉重叠。

玉米受委托代销主体备案量前10品种分别为郑单958、登海605、先玉335、MY73、新玉9号、新玉101号、广宇101、联创839、JFY5398、新玉31号，合计占比达总备案量的10.12%。

小麦受委托代销主体备案量前10品种分别为新冬22号、新冬88号、新冬55号、新冬60号、济麦44、伟隆169、新冬59号、新冬20号、扬麦29、济麦22，合计占比达总备案量的34.66%。

杂交水稻受委托代销主体备案量前 10 品种分别为荃优 607、泰优 808、宜香优 2115、晶两优 534、荃优 1606、荃优 822、昱香两优馥香占、野香优莉丝、川种优 3607、晶两优华占，合计占比达总备案量的 11.87%。

常规水稻受委托代销主体备案量前 10 品种分别为南粳 5718、嘉 67、五优稻 4 号、盐丰 47、中科 804、武育粳 528、南粳 3908、镇糯 19 号、盘粳 968、新稻 11 号，合计占比达总备案量的 26.92%。

大豆受委托代销主体备案量前 10 品种分别为齐黄 34、合农 71、郓豆 1 号、南豆 12、华豆 17、临豆 10 号、郑 1311、新大豆 23 号、新大豆 26 号、南夏豆 38，合计占比达总备案量的 32.77%。

棉花受委托代销主体备案量前 5 品种分别为新陆中 67 号、新陆早 78 号、中棉 113、J8031 号、塔河 2 号，合计占比达总备案量的 21.44%。

油菜受委托代销主体备案量前 5 品种分别为邡油 777、明正堂 1 号、川油 83、庆油 3 号、油研 2020，合计占比达总备案量的 33.31%。

马铃薯受委托代销主体备案量前 5 品种分别为费乌瑞它、内薯 7 号、早大白、希森 6 号、亿母田 2 号（超级 806），合计占比达总备案量的 67.66%。

3. 各地各作物受委托代销主体备案分布情况

2023 年，不同省份不同作物代销主体备案分布情况见表 3-7。其中，玉米备案主体主要集中在新疆、山东和河南，分别有 2 744 个、1 934 个和 1 650 个；杂交水稻备案主体主要集中在四川、贵州和重庆，分别有 955 个、748 个和 356 个；常规水稻备案主体主要集中在广东、黑龙江、辽宁，分别有 179 个、134 个和 99 个；大豆备案主体主要集中在河南和山东，分别是 124 个和 69 个；油菜备案主体主要集中在四川和贵州，分别是 428 个和 304 个；棉花备案主体主要集中在新疆和新疆兵团，分别是 2715 个和 690 个；马铃薯备案主体较少，主要集中在陕西，仅有 50 个。

表 3-7　2023 年不同省份不同作物代销主体备案数量　　　　　　　　　　（单位：个）

省份	杂交水稻	常规水稻	玉米	小麦	大豆	油菜	棉花	马铃薯
北京	0	0	8	0	1	0	0	0
天津	1	1	33	17	0	0	0	0
河北	0	1	806	393	14	1	21	0
山西	0	0	1 064	33	2	0	0	0
内蒙古	0	0	586	2	3	0	3	0
辽宁	1	99	500	0	20	1	0	8
吉林	0	1	37	0	0	0	0	0
黑龙江	2	134	250	0	39	0	0	0
上海	0	1	0	0	0	0	0	0
江苏	15	84	44	114	14	55	20	0

(续表)

省份	杂交水稻	常规水稻	玉米	小麦	大豆	油菜	棉花	马铃薯
浙江	18	49	0	6	0	5	0	0
安徽	74	31	101	100	14	37	0	0
福建	11	3	4	0	0	0	10	0
江西	91	36	5	0	0	17	0	0
山东	3	12	1 934	958	69	0	37	9
河南	24	1	1 650	1 309	124	2	102	0
湖北	26	4	24	2	0	38	1	0
湖南	38	6	5	0	0	29	0	0
广东	244	179	27	0	0	0	0	0
广西	142	53	142	16	0	0	0	0
海南	0	0	0	0	0	0	0	0
重庆	356	19	404	0	0	15	0	0
四川	955	21	1 057	71	15	428	0	0
贵州	748	39	1 083	16	45	304	0	0
云南	143	54	546	4	3	11	0	0
陕西	32	0	661	385	9	56	0	50
甘肃	1	0	882	58	10	66	5	7
青海	0	0	0	1	0	10	0	0
宁夏	1	32	209	32	2	0	0	0
新疆	0	24	2 744	1 203	30	2	2 715	0
新疆兵团	7	3	276	65	9	3	690	0

（二）经营不分装备案

1. 各地经营不分装主体备案分布情况

2023年，全国备案的经营不分装主体共计133 718个，完成备案796 374单，不同省份经营不分装备案主体分布情况见图3-50。其中，经营不分装主体备案数量超过5 000家的省份有12个，分别是四川12 955个、贵州11 553个、云南10 249个、山东8 227个、安徽8 216个、江苏7 199个、内蒙古6 599个、吉林6 441个、河南5 999个、陕西5 911个、湖南5 596个、广西5 109个，备案数量占比达到70.34%；青海和上海经营不分装主体备案量最少，仅有103和37个。

2. 各作物经营不分装主体备案分布情况

2023年，不同作物经营不分装主体备案分布情况见图3-51。其中，玉米备案不分装种子主体数量最多，有99 860个，占比高达74.68%；其次是杂交水稻、小麦、油菜、常规水稻和大豆，备案主体数量依次为43 435个、18 373个、12 347个、7 818个、7 744个；棉花和马铃薯的不分装种子备案主体数量较少，分别为 729 和 270 个。

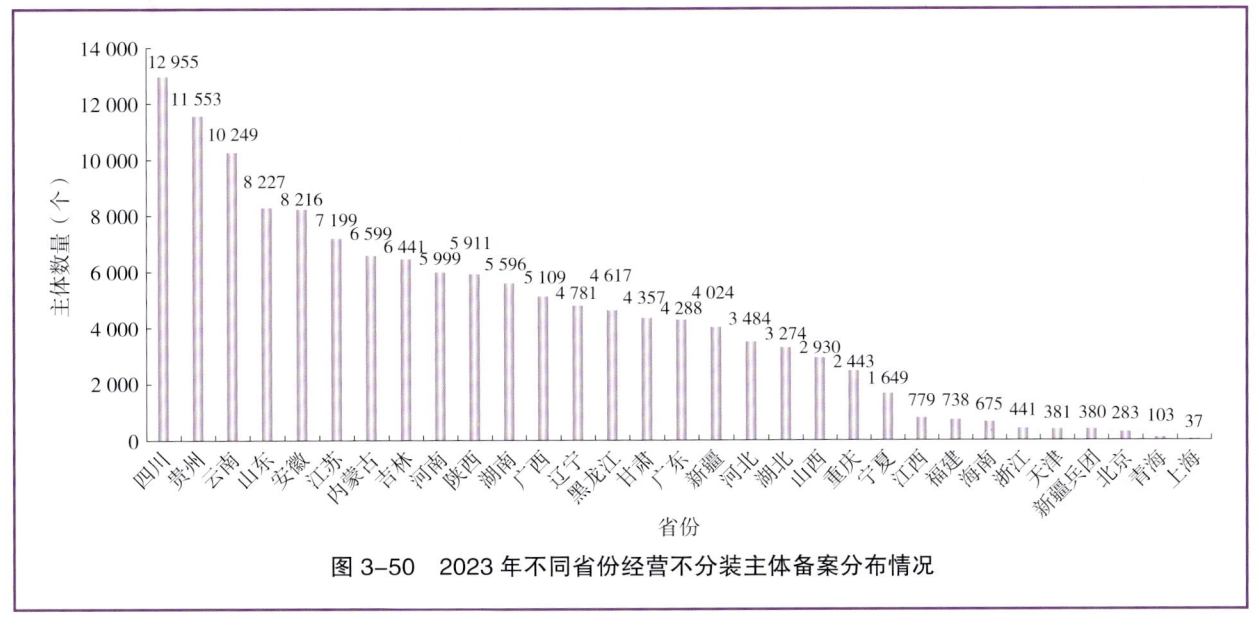

图 3-50 2023 年不同省份经营不分装主体备案分布情况

玉米经营不分装主体备案量前 10 品种分别为京科 968、郑单 958、沃玉 3 号、良玉 99 号、川单 99、裕丰 303、东陵白、登海 605、罗单 297、中科玉 505，合计占比达总备案量的 7.28%。

小麦经营不分装主体备案量前 10 品种分别为核春 137、新冬 52 号、济麦 22、石冬 0358、宁春 16 号、新冬 18 号、金石农 1 号、新春 37 号、中麦 30、新冬 60 号，合计占比达总备案量的 24.04%。

杂交水稻经营不分装主体备案量前 10 品种分别为荃优 822、荃优 607、荃优 1606、玮两优 8612、又香优龙丝苗、宜香优 2115、泰优 808、野香优莉丝、中浙优 8 号、荃优丝苗，合计占比达总备案量的 6.68%。

常规水稻经营不分装主体备案量前 10 品种分别为中科发 5 号、南粳 9108、龙稻 21、南粳 5055、垦稻 1918、龙粳 3010、唯农 303、北作 1、龙粳 31、莲育 1013，合计占比达总备案量的 15.89%。

大豆经营不分装主体备案量前 10 品种分别为东生 1 号、齐黄 34、黑河 45 号、蒙豆 15 号、东庆 20、华疆 2 号、绥农 52、黑河 53、黑河 43 号、黑科 60 号，合计占比达总备案量的 13.30%。

棉花经营不分装主体备案量前 5 品种分别为鲁棉研 37 号、新陆中 71 号、新陆中 67 号、新陆中 73 号、新陆中 55 号，合计占比达总备案量的 35.98%。

油菜经营不分装主体备案量前 5 品种分别为青杂 12 号、邠油 777、庆油 8 号、油研 2020、科油 243，合计占比达总备案量的 16.21%。

马铃薯经营不分装主体备案量前 5 品种分别为费乌瑞它、荷兰十五、尤金、希森 6 号、中薯 5 号合计占比达总备案量的 49.02%。

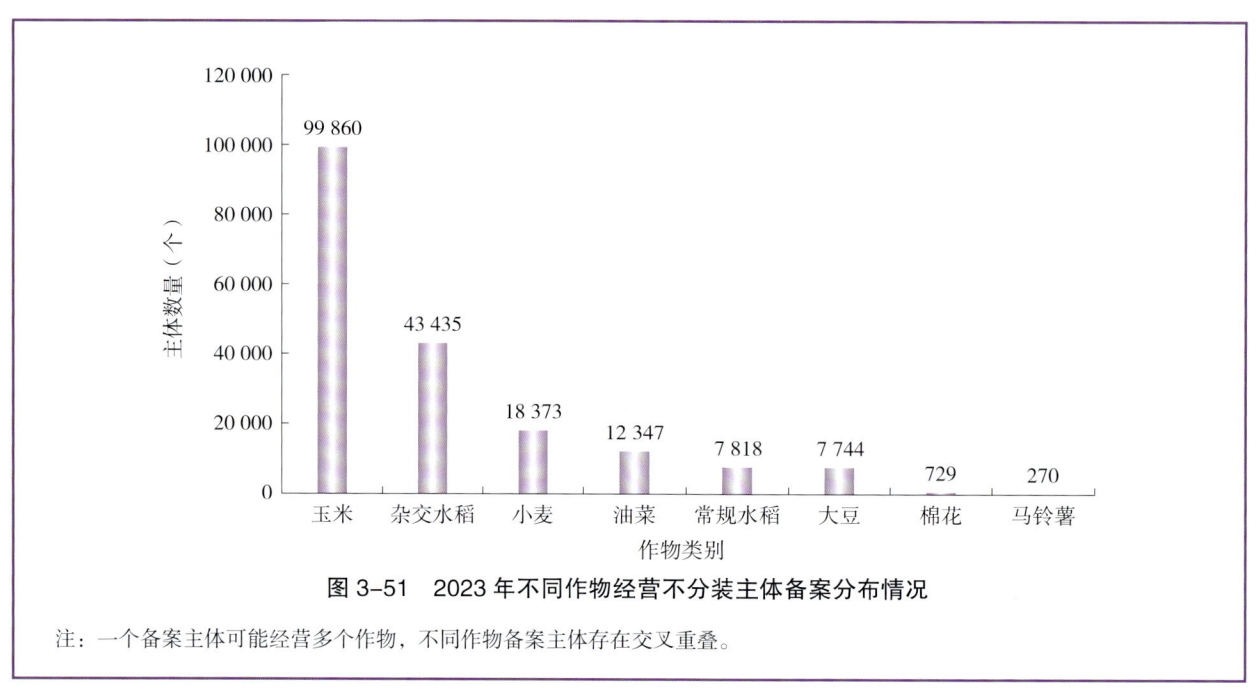

图 3-51 2023 年不同作物经营不分装主体备案分布情况

注：一个备案主体可能经营多个作物，不同作物备案主体存在交叉重叠。

3. 各地各作物经营不分装主体备案分布情况

2023 年，不同省份不同作物经营不分装主体备案分布情况见表 3-8。其中，玉米备案主体最多省份是四川和贵州两省，分别为 11 559 个和 10 961 个，占比为 22.55%；杂交水稻备案主体主要集中在四川和贵州两地，分别为 9 842 个和 8 400 个，占比高达 42.00%；常规水稻备案主体主要集中在江苏、云南和吉林，分别为 1 529 个、1 074 个和 829 个，占比为 43.90%；小麦备案主体主要集中在河南、山东和安徽三地，分别为 3 686 个、3 455 个和 3 134 个，占比为 55.92%；大豆备案主体最多的省份是黑龙江，达到 1 275 个；油菜备案主体最多省份是四川，有 3 479 个；棉花和马铃薯备案主体相对较少，棉花备案主体超过 100 个的只有山东、新疆、安徽和湖北，分别为 201 个、165 个、130 个和 103 个，马铃薯主要集中在陕西和辽宁，分别为 66 个和 54 个。

表 3-8 2023 年不同省份不同作物代销不分装种子主体分布情况　　（单位：个）

省份	杂交水稻	常规水稻	玉米	小麦	大豆	油菜	棉花	马铃薯
北京	2	0	222	16	50	19	0	13
天津	0	1	330	206	23	6	0	0
河北	2	9	2 780	1 489	86	24	17	15
山西	0	0	2 717	461	38	6	0	2
内蒙古	9	8	6 199	105	472	77	0	4
辽宁	102	214	4 465	5	460	20	0	54
吉林	224	829	5 531	1	690	22	0	19
黑龙江	327	805	3 574	10	1 275	14	0	0
上海	1	2	17	0	4	0	0	0

（续表）

省份	杂交水稻	常规水稻	玉米	小麦	大豆	油菜	棉花	马铃薯
江苏	932	1 529	1 826	1 278	589	739	3	5
浙江	80	23	248	11	82	34	0	14
安徽	3 982	772	3 959	3 134	776	2 039	130	2
福建	506	4	145	0	59	12	0	2
江西	684	210	55	0	8	89	1	1
山东	33	75	6 417	3 455	701	25	201	22
河南	84	28	4 392	3 686	470	15	1	8
湖北	1 882	233	2 341	228	91	762	103	3
湖南	2 784	268	1 934	4	118	605	90	0
广东	3 624	657	920	2	70	36	0	7
广西	3 910	704	4 202	1	35	8	0	2
海南	419	62	123	0	100	7	0	9
重庆	2 090	9	2 264	1	60	42	0	2
四川	9 842	40	11 559	176	152	3 479	0	3
贵州	8 400	216	10 961	46	159	2 514	0	5
云南	3 383	1 074	9 650	296	312	412	0	2
陕西	452	3	5 081	2 459	197	591	2	66
甘肃	13	0	3 754	473	256	659	15	10
青海	0	0	32	20	7	78	0	0
宁夏	19	59	1 568	64	36	0	0	0
新疆	5	2	3 185	767	369	63	165	1
新疆兵团	0	0	221	51	21	4	4	0

第四篇　种业企业发展

2023年，企业扶优行动扎实推进，资源、技术、人才、资本等要素加速向优势企业聚集，企业资产规模不断扩大，行业集中度稳步提升，企业研发创新能力持续增强，企业经营业绩再创新高，国家阵型企业引领作用凸显，优势企业呈现良好发展态势。

一、总体情况

（一）种业企业数量与规模

1. 企业数量

2023年实际开展经营活动的企业有8 721家，比2022年增加562家、增长6.89%。其中，销售本企业商品种子的企业有7 436家，占比为85.27%；销售其他企业商品种子收入占种子销售收入50%以上的企业1 210家；有代制（繁）种子销售的企业1 112家，与2022年基本持平；代制（繁）种子销售收入占种子销售总收入比例超过50%的企业有597家，比2022年增加3.83%。2014—2023年种业企业数量变化情况见图4-1。

2023年，近800家企业调整了生产经营范围。从各类作物种子销售总量看，2023年共有杂交水稻企业546家、常规水稻723家、小麦1 603家、大豆594家、油菜536家、花生349家、瓜菜3 445家，分别比2022年增加18家、21家、129家、37家、26家、7家和681家；共有经营杂交玉米种子的企业1 808家、棉花211家、马铃薯452家，分别比2022年减少180家、9家和1家。

其中，经营本企业商品种子的杂交水稻企业340家、常规水稻623家、小麦1 342家、大豆410家、油菜327家、花生258家，分别比2022年增加9家、27家、94家、44家、20家、14家；经营本企业商品种子的杂交玉米企业1 092家、棉花165家，马铃薯375家，分别比2022年减少119家、11家、10家。

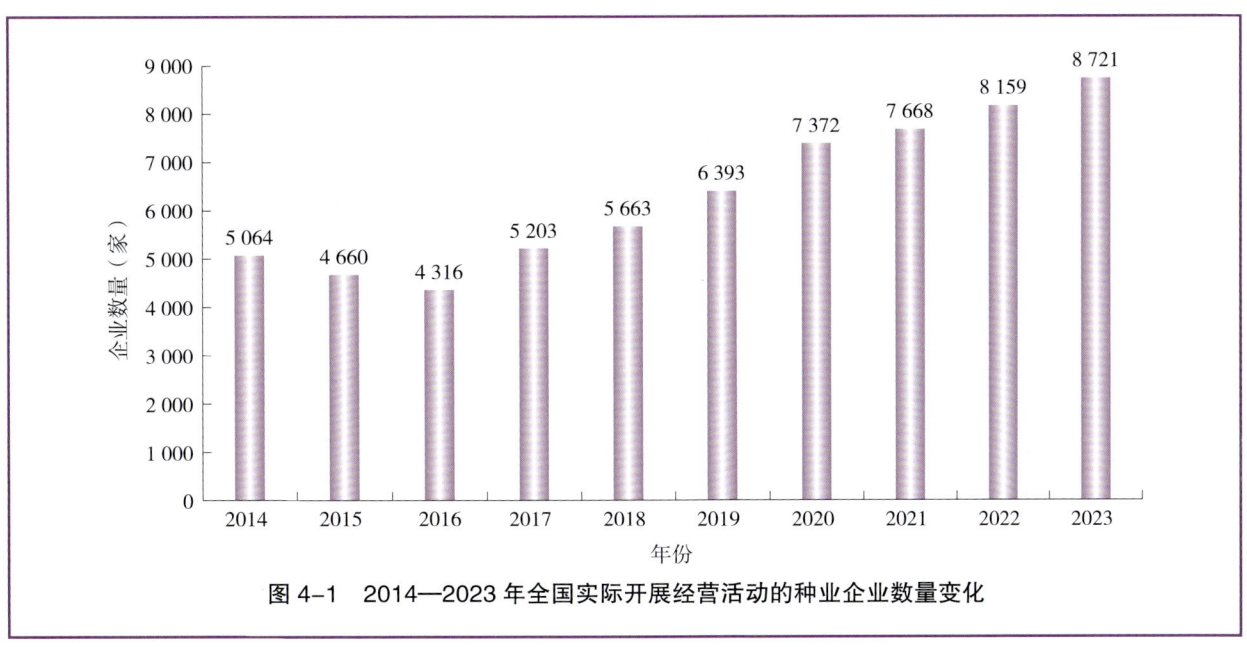

图4-1　2014—2023年全国实际开展经营活动的种业企业数量变化

2. 企业资产规模

2023年，全国种业企业资产总额达到3 273.86亿元，比2022年增加204.46亿元。资产总额1亿元以上的企业达到587家，比2022年增加55家。其中，10亿元以上的种业企业40家，增加5家；5亿（含）～10亿元的58家，增加2家；2亿（含）～5亿元的193家，增加21家；1亿（含）～2亿元的296家，增加26家。

2023年种业企业净资产总额1 707.37亿元，比2022年增加87.70亿元。种业企业固定资产净额585.07亿元，比2022年减少119.53亿元。2017—2023年，净资产与固定资产1亿元以上企业数量变化情况见表4-1。

3. 从业人员情况

截至2023年年底，全国种业企业职工151 313人，比2022年增加5 264人。其中本科以上学历人员42 365人，占28.00%。科研人员27 979人，占比达到18.49%。大型企业聚集种业科研人员数量较多，除组建自有科研团队外，还聘用了科研院所等单位科研人员4 923人。2014—2023年种业企业人员构成情况见表4-2。

表 4-1 资产 1 亿元以上企业数量　　（单位：个）

金额 （亿元）	固定资产							净资产					
	2023年	2022年	2021年	2020年	2019年	2018年	2017年	2023年	2022年	2021年	2020年	2019年	2018年	2017年
≥20	1	1	1	1	0	0	0	10	11	8	5	5	2	5
≥10	2	6	2	3	3	1	1	18	17	14	12	9	12	9
≥5	12	17	12	7	7	6	6	42	39	34	30	17	26	26
≥2	30	41	29	19	9	17	19	142	130	118	104	63	86	91
≥1	86	82	68	60	39	50	54	302	292	282	251	141	227	215

表 4-2　2014—2023 年种业企业人员构成　　（单位：人）

	2014年	2015年	2016年	2017年	2018年	2019年	2020年	2021年	2022年	2023年
职工总人数	129 978	121 325	120 538	128 055	130 923	133 104	135 324	142 330	146 049	151 313
科研人数	25 177	25 434	24 354	24 094	23 614	24 746	29 608	32 126	33 248	27 979

（二）种业企业经营业绩

1. 企业销售情况

（1）种子销售收入

种子销售收入包括种业企业的代制（繁）种子销售收入和商品种子销售收入。2023 年全国种业企业共实现种子销售收入 1 257.77 亿元，比 2022 年增加 195.52 亿元，其中代制（繁）种子销售收入 140.60 亿元，比 2022 年增加 27.42 亿元，商品种子销售收入 1 117.17 亿元，比 2022 年增加 168.11 亿元。

（2）商品种子销售收入

商品种子销售收入包括销售本企业商品种子和销售其他企业商品种子的收入，本企业商品种子销售收入含自有品种繁育种苗的销售收入和出口收入，其他企业商品种子销售收入含使用其他企业品种繁育种苗的收入。2023 年种业企业销售本企业商品种子的销售收入为 1 002.15 亿元，比 2022 年增加 147.62 亿元，销售其他企业商品种子的销售收入 115.02 亿元，比 2022 年增加 20.49 亿元。

2014 年以来，全国种业企业种子销售收入变动情况见图 4-2。

2022—2023 年全国种业企业各项种子销售收入情况见表 4-3。

图 4-2 2014—2023 年全国种业企业种子销售收入变动情况

表 4-3 2022—2023 年全国种业企业各项种子销售收入 （单位：亿元）

	2023 年	2022 年
种子销售收入	1 257.77	1 062.25
1 代制（繁）种子销售收入	140.60	113.18
2 商品种子销售收入	1 117.17	949.06
2.1 销售本企业商品种子	1 002.15	854.53
2.1.1 在国内销售本企业商品种子	986.40	839.57
2.1.1.1 销售自有品种繁育种苗	29.58	—
2.1.2 出口销售本企业商品种子	15.75	14.96
2.2 销售其他企业商品种子	115.02	94.53
2.2.1 销售其他企业品种繁育种苗	19.86	—

（3）种子销售收入前 10 企业

2023 年，种子销售收入 1 亿元以上的企业有 272 家，2 亿元以上的 111 家，5 亿元以上的 27 家，10 亿元以上的 11 家，20 亿元以上的 5 家。种子销售收入前 5 实现销售收入 155.32 亿元，比 2022 年增加 37.16 亿元，前 10 销售收入 209.78 亿元，比 2022 年增加 47.43 亿元，前 50 销售收入 381.25 亿元，比 2022 年增加 80.92 亿元。种子销售收入排名前 10 企业见表 4-4。

表 4-4 2023 年种子销售收入前 10 企业

排名	单位名称	排名	单位名称
1	先正达集团股份有限公司	6	山东登海种业股份有限公司
2	袁隆平农业高科技股份有限公司	7	广东鲜美种苗股份有限公司
3	江苏省大华种业集团有限公司	8	河南省豫玉种业股份有限公司
4	中农发种业集团股份有限公司	9	甘肃省敦煌种业集团股份有限公司
5	北大荒垦丰种业股份有限公司	10	合肥丰乐种业股份有限公司

（4）商品种子销售收入前10企业

2023年，商品种子销售额1亿元以上的企业有231家，2亿元以上的102家，5亿元以上的26家，10亿元以上的11家，20亿元以上的4家。商品种子销售额前5实现销售146.24亿元，比2022年增加34.69亿元，前10销售额199.79亿元，比2022年增加45.39亿元，前50销售额363.94亿元，比2022年增加75.99亿元。商品种子销售收入前10企业见表4-5。

表4-5 2023年商品种子销售收入前10企业

排名	单位名称	排名	单位名称
1	先正达集团股份有限公司	6	江苏省大华种业集团有限公司
2	袁隆平农业高科技股份有限公司	7	广东鲜美种苗股份有限公司
3	北大荒垦丰种业股份有限公司	8	河南省豫玉种业股份有限公司
4	中农发种业集团股份有限公司	9	合肥丰乐种业股份有限公司
5	山东登海种业股份有限公司	10	九圣禾种业股份有限公司

2. 企业利润情况

（1）全国种业企业利润

2023年，全国种业企业实现利润总额129.81亿元，其中种子经营利润108.46亿元，比2022年增加34.89亿元，2014年以来种业企业种子经营利润情况见图4-3。

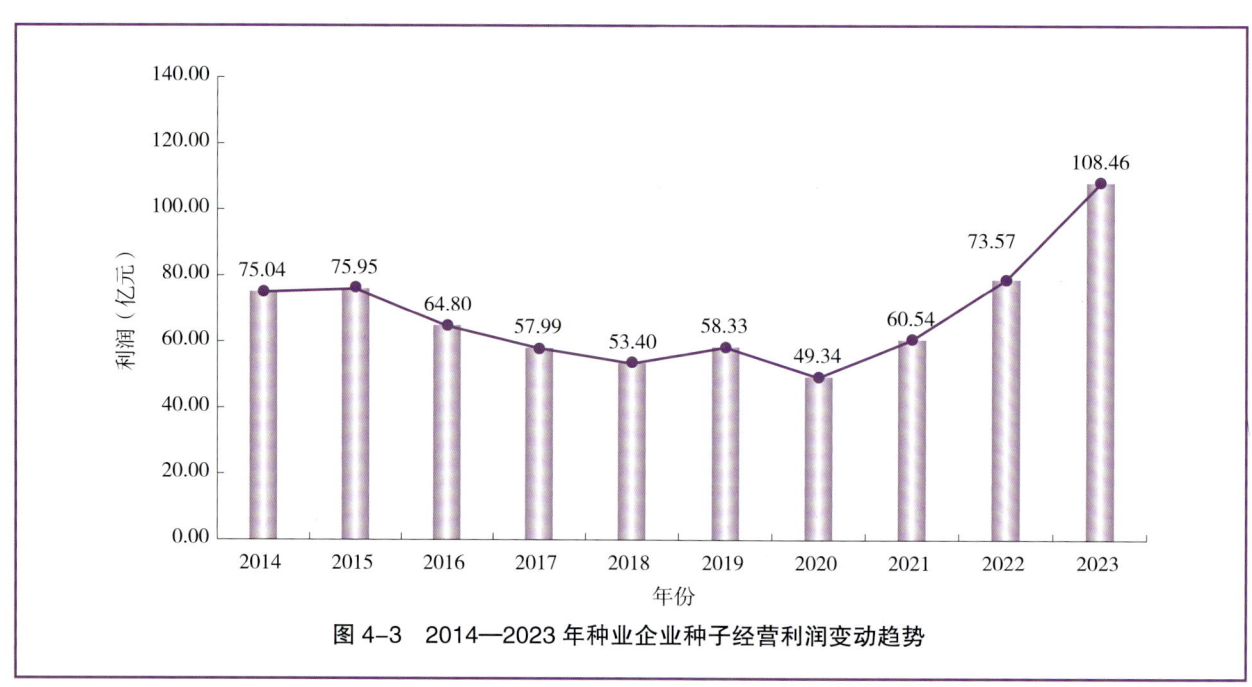

图4-3 2014—2023年种业企业种子经营利润变动趋势

种业企业实现种子销售保本盈利7 384家，比2022年增加436家，实现利润119.33亿元；亏损企业1 337家，比2022年增加126家，亏损额10.87亿元；保本盈利和亏损企业占比分别为84.67%、

15.33%。保本盈利企业占比比 2022 年降低 0.49 个百分点。

2023 年，全国种业企业的行业利润率（种子经营利润率＝种子经营利润÷种子及相关业务收入×100%）为 8.23%，比 2022 年提高 1.30 个百分点。种业企业的净资产收益率（种业企业净利润÷种业企业净资产×100%）为 7.42%，比 2022 年提高 0.83 个百分点。2014—2023 年种业企业行业利润率和净资产收益率变化趋势见图 4-4。

图 4-4　2014-2023 年种业企业行业利润率和净资产收益率变化趋势

（2）经营利润前 10 企业

2023 年，种子经营利润 1 000 万元以上的种业企业有 263 家，2 000 万元以上的种业企业 144 家，5 000 万元以上的种业企业 57 家，1 亿元以上的种业企业 21 家，2 亿元以上的种业企业 7 家。2023 年种子经营利润前 10 企业见表 4-6。

表 4-6　2023 年种子经营利润前 10 企业

排名	单位名称	排名	单位名称
1	袁隆平农业高科技股份有限公司	6	中农发种业集团股份有限公司
2	河南省豫玉种业股份有限公司	7	甘肃省敦煌种业集团股份有限公司
3	山东登海种业股份有限公司	8	天水众兴菌业科技股份有限公司
4	先正达集团股份有限公司	9	河北沃土种业股份有限公司
5	吉林云天化种业科技有限公司	10	江苏省大华种业集团有限公司

2023 年，种子经营利润前 5 企业实现利润 13.05 亿元，比 2022 年增加 4.15 亿元，前 10 企业实现利润 19.94 亿元，比 2022 年增加 6.24 亿元；前 50 企业实现利润 45.40 亿元，比 2022 年增加

10.34亿元。2014—2023年前5、前10、前50企业利润占比见图4-5。

图4-5　2014—2023年种子经营利润前5、前10、前50企业利润占比

3. 各作物种子销售量占比[①]

（1）杂交水稻种子

2023年，国内销售本企业杂交水稻商品种子销售量前5、前10、前20企业销售量分别为10 895万千克、13 401万千克、16 880万千克，分别占全国杂交水稻商品种子使用量（27 167万千克）的40.10%、49.33%、62.13%，分别比2022年提高了6.98个、8.33个、9.31个百分点。

（2）常规水稻种子

2023年，国内销售本企业常规水稻商品种子销售量前5、前10、前20企业销售量分别为20 390万千克、29 022万千克、38 129万千克，分别占全国常规水稻商品种子使用量（60 499万千克）的33.70%、47.97%、63.02%，分别比2022年降低了0.80个百分点、提高了0.51个和3.07个百分点。

（3）杂交玉米种子

2023年，国内销售本企业杂交玉米种子销售量前5、前10、前20企业销售量分别为31 721万千克、44 474万千克、61 322万千克，分别占全国杂交玉米商品种子使用量（121 545万千克）的26.10%、36.59%、50.45%，分别比2022年提高了5.22个、7.21个、8.07个百分点。

（4）小麦种子

2023年，国内销售本企业小麦商品种子销售量前5、前10、前20企业销售量分别为89 850万千克、122 125万千克、164 206万千克，分别占全国小麦商品种子使用量（449 736万千克）的19.98%、27.15%、36.51%，分别比2022年提高了1.70个、1.48个、2.10个百分点。

（5）大豆种子

2023年，国内销售本企业大豆种子销售量前5、前10企业销售量分别为14 974万千克、

[①] 本部分种子使用量数据改用本书第39页数据，2022年数据和2年比较数据也按照新口径计算。

23 265万千克，分别占全国大豆商品种子使用量（58 984千克）的25.39%、39.44%，分别比2022年降低了3.60个、3.08个百分点。

（6）油菜种子

2023年，国内销售本企业油菜种子销售量前5、前10企业销售量分别为568万千克、928万千克，分别占全国油菜商品种子使用量（2 836万千克）的20.03%、32.72%，分别比2022年降低了7.20个、10.57个百分点。

（三）企业科研投入情况

2023年，种业企业科研总投入为75.62亿元，比2022年增加10.57亿元，占本企业商品种子销售额（1 002.15亿元）的7.55%。其中，企业自主投入68.02亿元，比2022年增加10.87亿元；财政项目投入资金7.30亿元，比2022年减少0.29亿元；非财政资金投入0.30亿元，基本与2022年持平。

注册资本3 000万元以上企业科研投入达59.75亿元，比2022年增加11.34亿元，科研投入占本企业商品种子销售额（746.54亿元）的8.00%，比2022年提高0.23个百分点。

本企业商品种子销售额前5企业科研投入18.21亿元，占本企业商品种子销售额（143.00亿元）的12.73%，比2022年提高3.80个百分点；前10企业科研投入21.50亿元，占本企业商品种子销售额（190.23亿元）的11.30%，比2022年提高3.49个百分点；前50企业科研投入28.99亿元，占本企业商品种子销售额（345.42亿元）的8.39%，比2022年提高1.23个百分点。

（四）企业品种研发情况

1. 企业通过的审定品种

2023年，通过国家审定的5种作物（水稻、玉米、小麦、棉花、大豆）品种1 552个，其中企业通过的审定品种1 127个，占比达72.62%，比2022年降低了0.71个百分点；通过省级审定的品种4 134个，其中企业通过的审定品种2 577个，占比达62.34%，比2022年增加4.82个百分点。总体来看，企业依旧为审定品种主体，变化趋势较为稳定，通过审定的品种中水稻、玉米企业品种占比超过60%，企业审定品种占比与作物产值呈显著正相关（表4-7，图4-6，图4-7）。

表4-7　2023年种业企业通过品种审定情况

作物	审定主体	审定品种（个）	企业品种数（个）	占比（%）
水稻	国家	409	331	80.93
	省级	1 310	797	60.84
小麦	国家	197	83	42.13
	省级	437	200	45.77
玉米	国家	801	663	82.77
	省级	1 996	1 483	74.30
棉花	国家	51	15	29.41
	省级	66	5	7.58

（续表）

作物	审定主体	审定品种（个）	企业品种数（个）	占比（%）
大豆	国家	94	35	37.23
	省级	325	92	28.31
合计	国家	1 552	1 127	72.62
	省级	4 134	2 577	62.34

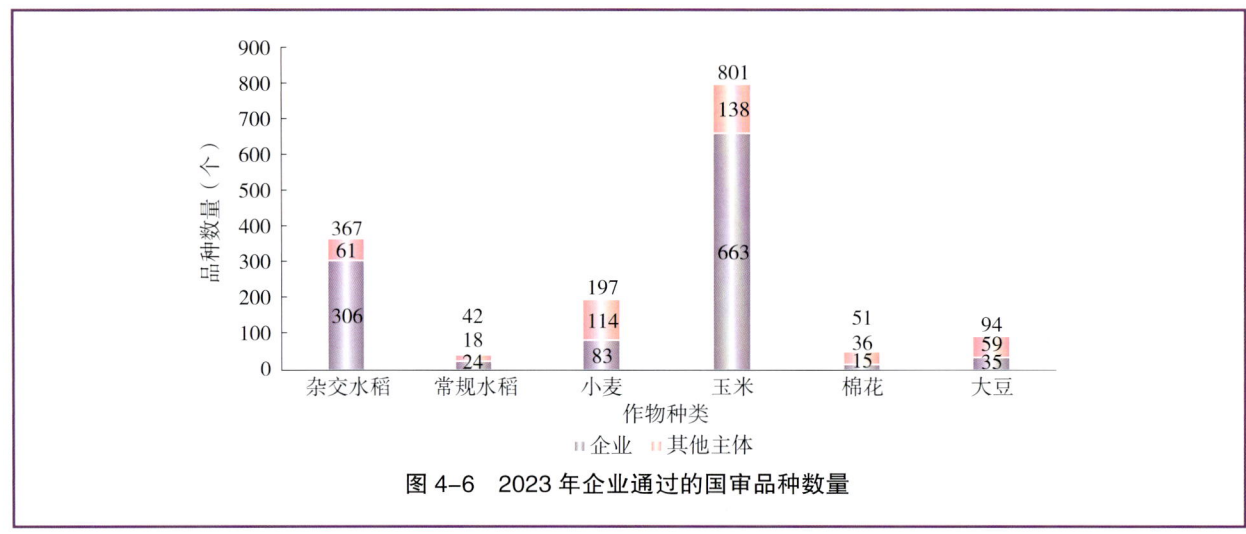

图 4-6　2023 年企业通过的国审品种数量

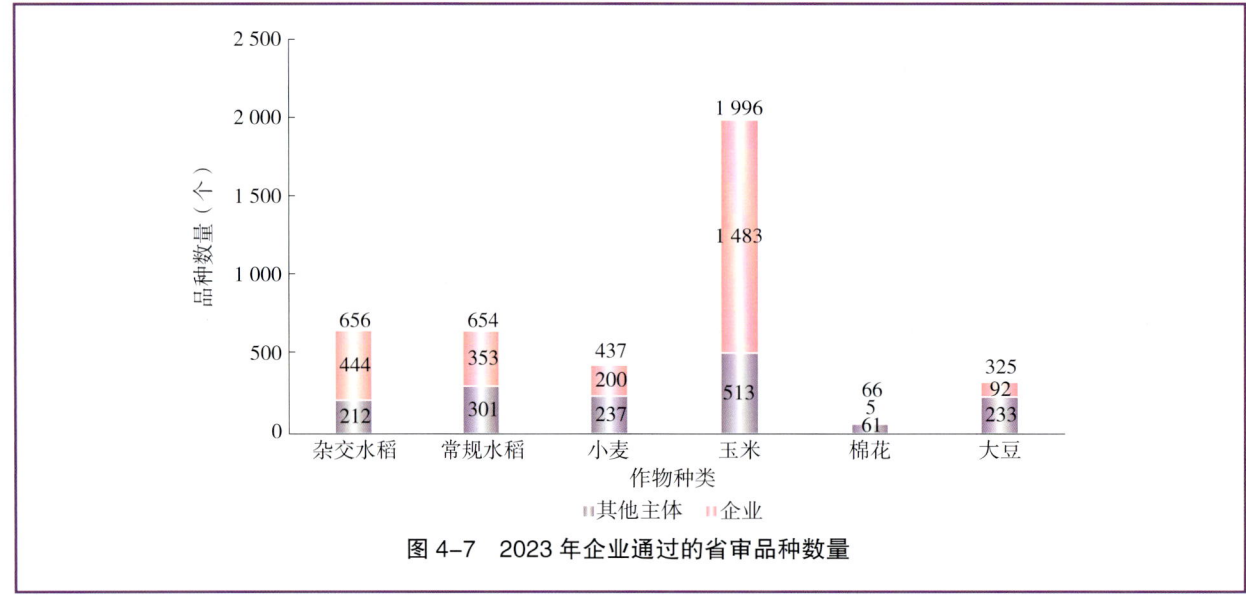

图 4-7　2023 年企业通过的省审品种数量

2. 企业品种选育登记

2023 年，企业选育登记 29 种作物品种数为 1 817 个，占全年登记量的 58.90%。国内企业选育登记品种 1 734 个，占全年登记量的 56.21%。外资企业选育登记品种 83 个，占全年登记量的 2.69%，主要登记的作物为向日葵、甜菜、大白菜、结球甘蓝、黄瓜、番茄、辣椒、西瓜、葡萄、茶树。

企业选育登记品种占比超过 60% 的作物有豌豆、向日葵、甜菜、大白菜、结球甘蓝、黄瓜、番茄、辣椒、西瓜、甜瓜。其中，豌豆品种97个，占比84.35%；向日葵品种58个，占比69.05%；甜菜品种11个，占比84.62%；大白菜品种145个，占比87.88%；结球甘蓝品种82个，占比88.17%；黄瓜品种84个，占比68.29%；番茄品种407个，占比86.97%；辣椒品种450个，占比79.37%；西瓜品种152个，占比73.08%；甜瓜品种98个，占比69.50%（图4-8）。

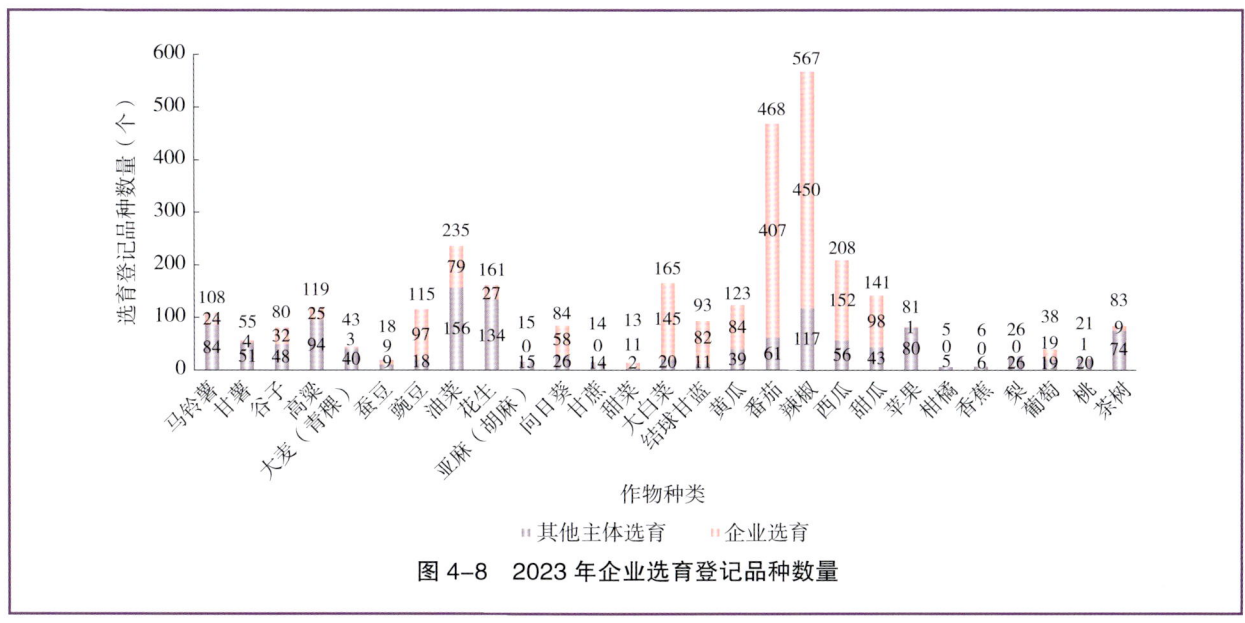

图4-8 2023年企业选育登记品种数量

3. 企业植物新品种权保护

2023年，种业企业（含国内外企业）申请植物品种权8 083件，比2022年增加1 775件，种业企业申请量占全年申请量的56.61%。其中，国内企业申请7 697件，占全年申请量的53.91%，是植物新品权最大的申请主体。

2023年，种业企业（含国内外企业）获得授权保护品种4 557件，种业企业获得授权的数量占全年授权量的54.35%。其中，国内种业企业获得授权4 122件，占全年授权量的49.16%（图4-9）。

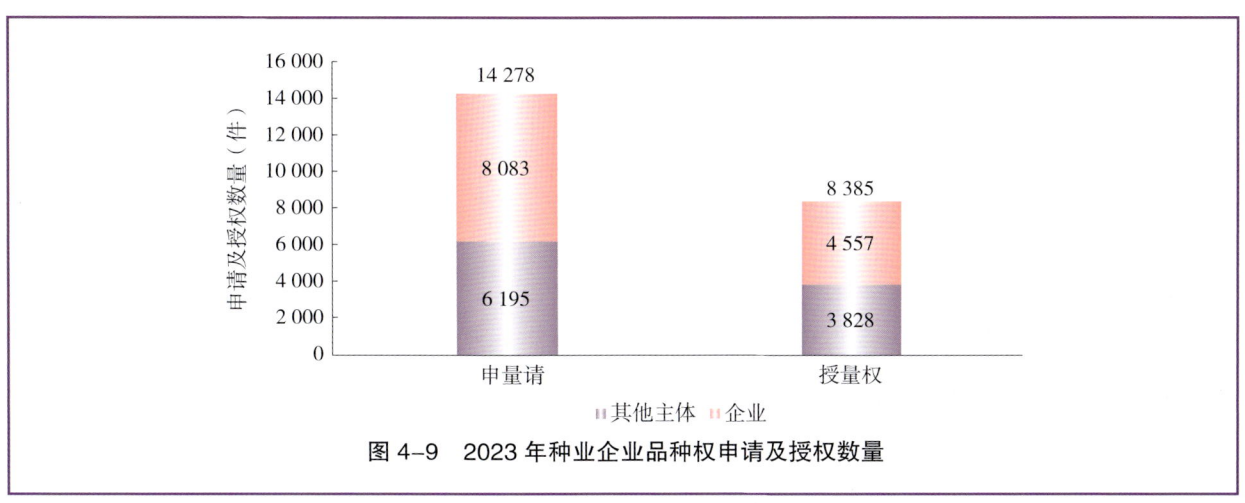

图4-9 2023年种业企业品种权申请及授权数量

从种业企业（含国内外企业）申请、授权的作物种类看，玉米品种权申请量、授权量均居各作物之首。2023年，共申请玉米品种权4 418件，其中企业（含国内外企业）申请3 165件，占71.64%；授予玉米品种权2 968件，其中企业获得玉米授权2 239件，占75.44%（见表4-8）。

表4-8 2023年不同作物品种权申请和授权分布情况

	水稻	玉米	小麦	棉花	大豆	油菜	马铃薯	蔬菜	其他作物
申请量（件）	2 968	4 418	768	129	535	107	44	2 676	2 633
企业申请量（件）	1 408	3 165	258	35	177	34	19	1 954	1 033
企业占比（%）	47.44	71.64	33.59	27.13	33.08	31.78	43.18	73.02	39.23
授权量（件）	1 670	2 968	806	164	397	78	67	800	1 435
企业授权量（件）	758	2 239	319	33	106	15	38	502	547
企业占比（%）	45.39	75.44	39.58	20.12	26.70	19.23	56.72	62.75	38.12

（五）企业利用资本市场情况

1. 上市公司情况

2023年，我国没有农作物种业类公司在A股上市。从行业分类来看，2023年农林牧渔业公司仅有1家实现A股（北交所）上市（骑士乳业）。

首次公开募股（IPO）申报审核方面，先正达于2023年5月18日撤回了2022年提起的科创板上市申请，改为申请主板上市（2024年3月29日上交所文件显示，先正达撤回公开发行股票并在主板上市申请，上交所终止审核）；有2家新三板种业公司向北交所提交IPO申请，分别是康农种业、金苑种业。康农种业公开发行并上市申请，于2023年4月28日获北交所受理，11月30日成功过会，12月21日获注册批复（2024年1月18日已成功上市）。金苑种业公开发行并上市申请，于2023年7月24日获北交所正式受理（2024年5月8日北交所显示的审核状态为"已问询"）。此外，金博士种业于2023年12月21日已通过河南证监局的辅导验收。

截至2023年年底，我国境内上市的种业公司共有12家（表4-9），种业上市公司总市值1 026.95亿元，下跌310.78亿元，跌幅23.23%；总资产合计967.81亿元，总负债合计545.24亿元；总体资产负债率56.34%，比2022年提高约4个百分点；所有者权益合计422.57亿元，比2022年增加29.13亿元、增长7.4%；员工总数38 893人，比2022年减少56人。2023年，上市种企总营收729.11亿元，比2022年增加87.73亿元；净利润-1.98亿元，比2022年减少17.54亿元。大北农、隆平高科相关指标的变动对上述统计数据影响较大。

鉴于大北农、苏垦农发、丰乐种业、农发种业、绿亨科技的主营构成中种业占比较低，在此只对其余7家种业上市公司作统计分析。2023年年底，7家种业上市公司总市值497.50亿元，同比下跌20.87%；总资产合计438.82亿元，总负债合计244.78亿元；总体资产负债率55.78%，同比提高5.15个百分点；所有者权益合计194.04亿元，比2022年增加51.33亿元、增长35.97%；员工总数

表4-9　2023年种业上市公司概况

证券代码	证券简称	员工总数（人）	总股本（亿股）	总市值（亿元）	质押比例（%）	市盈率PE（LYR）（倍）	营业总收入（亿元）	净利润（亿元）	净资产收益率ROE（平均，%）	净资产负债率（%）
000713.SZ	丰乐种业	1 369	6.140 1	47.094 9	0.000 0	80.077 2	31.136 8	0.386 7	2.075 0	0.463 4
000998.SZ	隆平高科	4 667	13.169 7	185.692 8	0.940 0	−21.186 5	92.232 2	3.735 5	3.759 4	3.142 8
002041.SZ	登海种业	813	8.800 0	116.424 0	0.000 0	45.977 4	15.519 8	2.992 0	7.432 0	0.257 1
002385.SZ	大北农	18 465	41.360 8	246.510 5	9.530 0	443.350 2	333.901 3	−25.731 9	−23.080 9	2.442 4
300087.SZ	荃银高科	1 709	9.473 3	79.386 4	1.750 0	34.021 8	41.029 0	3.637 5	14.946 6	2.117 5
300189.SZ	神农科技	198	10.240 0	33.689 6	0.000 0	−52.150 0	1.667 3	−0.327 0	−4.564 4	0.188 3
600313.SH	农发种业	1 180	10.822 0	80.623 8	3.480 0	35.042 9	67.607 7	2.166 5	7.055 9	1.049 5
600354.SH	敦煌种业	626	5.278 0	31.668 1	10.200 0	158.265 2	11.577 6	0.976 2	6.587 1	1.913 4
600371.SH	万向德农	207	2.925 8	31.393 6	0.000 0	43.618 7	3.193 0	0.724 9	11.327 8	0.523 5
601952.SH	苏垦农发	8 871	13.780 0	141.107 2	0.000 0	17.078 1	121.680 6	8.171 7	12.696 6	1.106 0
831087.BJ	秋乐种业	241	1.652 0	19.245 8		31.182 8	5.342 4	0.794 2	15.384 7	0.406 3
870866.BJ	绿亨科技	547	1.802 1	14.110 1		29.536 3	4.220 2	0.490 9	6.896 2	0.141 5

8 461人，同比增加2 478人、增长41.42%。2023年，7家上市种企总营收170.56亿元，同比增加66.83亿元、增长64.43%；总体净利润12.53亿元、同比增加12.87亿元。上述财务经营指标大幅变动的主要原因，是由于隆平高科收购隆平农业发展股份有限公司并将其纳入合并报表范围所致。

2. 新三板挂牌情况

2023年，新三板新增挂牌种业企业2家，为皖垦种业、华农伟业；摘牌（退市）种业企业4家，比2022年摘牌（退市）数量减少6家，4家均为被动摘牌（退市）。同期，新增农业挂牌企业仅皖垦种业1家（华农伟业的分类为批发和零售业）。

截至2023年年底，我国新三板挂牌种业企业38家（表4-10）。其中，创新层14家，比2022年增加2家；基础层24家，比2022年减少4家。

表4-10 2023年新三板种业挂牌企业概况

证券代码	证券简称	所属分层	挂牌日	员工总数（人）	总股本（万股）	总市值（亿元）	资产总计（亿元）	营业总收入（亿元）	净利润（亿元）	净资产收益率（平均,%）	净资产负债率（%）
430566.NQ	虹越花卉	创新层（NEEQ）	2014-01-24	338	5 800.00	5.28	5.18	6.20	0.29	5.33	0.57
430468.NQ	锦棉种业	创新层（NEEQ）	2014-01-24	51	6 900.00	0.91	3.61	2.58	-0.02	-2.51	3.42
430736.NQ	中江种业	基础层（NEEQ）	2014-05-05	198	17 765.80	5.29	6.93	3.16	0.05	1.45	2.17
831232.NQ	红旗种业	基础层（NEEQ）	2014-10-30	85	10 581.00	0.22	4.31	2.51	0.02	1.08	1.29
831439.NQ	中蔬股份	基础层（NEEQ）	2014-12-08	17	36 000.00	3.76	13.27	0.03	-0.41	-13.30	3.31
831492.NQ	安信种苗	创新层（NEEQ）	2014-12-09	177	5 628.00	26.97	2.68	1.18	0.13	6.87	0.57
831888.NQ	垦丰种业	创新层（NEEQ）	2015-01-27	1 353	47 320.70	1.05	33.05	18.96	-1.38	-14.43	2.69
832019.NQ	中棉种业	基础层（NEEQ）	2015-02-16	38	7 000.00	3.81	1.19	0.68	0.02	5.20	2.39
832139.NQ	沃田集团	创新层（NEEQ）	2015-03-16	98	9 300.00	0.62	5.65	2.40	0.08	2.21	0.55
832673.NQ	中农农科	基础层（NEEQ）	2015-07-08	44	3 974.00	2.88	1.18	0.50	0.08	10.36	0.44
832974.NQ	鲜美种苗	创新层（NEEQ）	2015-07-24	135	4 795.00	0.25	0.81	0.26	0.02	4.29	0.84
832751.NQ	金秋科技	基础层（NEEQ）	2015-07-24	21	3 000.00	19.47	4.60	1.83	0.04	1.71	1.16
832912.NQ	西科集团	创新层（NEEQ）	2015-08-06	133	23 403.06	2.06	0.13	0.01	-0.03	-25.28	0.42
833462.NQ	华瑞农业	创新层（NEEQ）	2015-09-01	245	8 325.30	2.70	0.37	0.17	0.01	3.67	0.22
833443.NQ	皇达科技	基础层（NEEQ）	2015-09-16	12	2 000.00	0.69	0.62	0.01	-0.04	-9.26	0.42
834751.NQ	曲辰种业	基础层（NEEQ）	2015-12-15	24	2 694.01	0.61	4.85	1.39	0.71	16.17	0.10
834982.NQ	远东国兰	基础层（NEEQ）	2015-12-17	87	11 945.70	0.59					
836624.NQ	新圆沉香	基础层（NEEQ）	2016-04-06	11	8 700.00	8.66					
836645.NQ	三瑞农科	创新层（NEEQ）	2016-04-15	87	10 557.00						

(续表)

证券代码	证券简称	所属分层	挂牌日	员工总数（人）	总股本（万股）	总市值（亿元）	资产总计（亿元）	营业总收入（亿元）	净利润（亿元）	净资产收益率（平均,%）	净资产负债率（%）
837058.NQ	金安特	基础层（NEEQ）	2016-04-26	16	3 830.65	0.36	0.69	0.31	0.01	3.28	0.79
837403.NQ	康农种业	创新层（NEEQ）	2016-05-23	110	3 946.00	5.76	5.39	2.88	0.54	21.36	0.98
837485.NQ	天合生物	创新层（NEEQ）	2016-07-22	41	4 150.00	2.13	1.69	0.58	0.04	3.75	0.84
838103.NQ	红一种业	基础层（NEEQ）	2016-08-01	48	5 642.00	2.54	2.28	0.95	0.20	14.37	0.54
838036.NQ	美奥种业	基础层（NEEQ）	2016-08-04	80	3 530.00	1.41	1.16	0.65	0.31	44.74	0.41
838549.NQ	金博士	创新层（NEEQ）	2016-08-09	202	10 130.00	11.14	5.22	3.61	0.24	8.10	0.79
838998.NQ	双星种业	基础层（NEEQ）	2016-08-11	50	2 174.45	1.57	1.15	0.70	0.23	38.53	0.79
839045.NQ	大唐种业	基础层（NEEQ）	2016-08-15	34	3 288.46		1.00	0.42	0.03	9.52	1.26
839720.NQ	熊猫雷笋	基础层（NEEQ）	2016-11-17	63	4 311.15	1.07	1.74	0.01	-0.17	-10.61	0.15
870697.NQ	银丰园林	基础层（NEEQ）	2017-02-20	10	500.00	0.11	1.12	0.62	0.02	3.92	1.28
870991.NQ	鑫丰种业	基础层（NEEQ）	2017-02-28	59	10 018.00	1.00	1.40	1.14	0.10	9.66	0.26
871934.NQ	绿湖股份	基础层（NEEQ）	2017-08-17	102	6 318.00	4.42	2.97	0.89	0.00	0.05	0.67
872212.NQ	利农生物	基础层（NEEQ）	2017-09-29	93	5 529.00	2.49	1.25	0.86	0.16	20.37	0.46
872377.NQ	徽生源	基础层（NEEQ）	2017-11-17	29	2 667.60	1.08	0.82	0.20	-0.04	-5.58	0.21
872802.NQ	金色农业	基础层（NEEQ）	2018-06-04	104	10 000.00		4.08	1.86	0.14	11.61	2.33
873129.NQ	华丰种业	基础层（NEEQ）	2019-01-14	23	3 600.00		0.84	0.39	0.01	1.48	1.15
873749.NQ	金苑种业	创新层（NEEQ）	2022-07-18	195	10 212.00		5.49	3.61	0.47	11.30	0.26
874041.NQ	皖垦种业	创新层（NEEQ）	2023-01-12	190	15 332.00		5.42	4.55	0.55	15.10	0.40
873484.NQ	华农伟业	基础层（NEEQ）	2023-12-26	118	7 000.00		3.53	3.48	0.45	22.92	0.54

3. 投资并购情况

2023年，我国种业资本市场延续活跃态势，投资并购规模维持高位。

2023年种业公众公司（A股和新三板）披露和通过万得数据库等收集的种业股权融资事件21起（表4-11，表4-12），涉及资金规模超过40.79亿元。其中，规模最大的种业投资事件为国家开发投资集团出资40亿元设立国投种业科技有限公司；上市挂牌公司方面，有4家种业公司通过增发募资资金7 912.63万元；PE/VC投资方面，生物育种公司仍受青睐，山东舜丰生物科技有限公司、石家庄博瑞迪生物技术有限公司等获多轮投资，传统种企河南技丰种业集团有限公司、青岛金妈妈农业科技有限公司也有融资活动，但此板块因公司无公开披露义务，信息来源多为新闻报道，融资时间和金额等难以核实。

2023年，种业公众公司（A股和新三板）首次披露和通过万得数据库等收集的种业并购事件14起，年度内完成的并购事件12起（含2022年首次披露的1起，表4-11，表4-13），涉及交易总金额21.62亿元，比2022年增加25.26%。其中涉及金额最大的是隆平高科对隆平发展的并购，标的金额15.62亿元；最活跃的并购主体为北京创种科技有限公司，除完成2022年披露的对广东鲜美种苗股份有限公司50.99%股权的收购外，5月收购四川金色绿丹种业有限公司51%股权，6月收购内蒙古蒙龙种业科技有限公司23%的股权，11月通过增资扩股以及股权收购的形式取得吉林省宏泽现代农业有限公司51%的股权。

表4-11　2010—2023年投资并购事件统计表

年份	投资事件		并购事件	
	数量（起）	金额（万元）	数量（起）	金额（万元）
2010	8	54 024.50	6	18 832.10
2011	9	98 852.60	9	42 361.90
2012	14	103 061.90	5	49 004.50
2013	10	21 729.40	17	206 915.70
2014	14	38 359.00	14	142 477.60
2015	23	278 212.00	22	190 679.40
2016	21	397 700.40	26	98 699.50
2017	22	296 566.50	15	164 926.90
2018	3	7 695.00	11	697 885.86
2019	5	24 300.00	17	123 532.89
2020	6	7 997.03	39	110 082.03
2021	4	94 804.62	23	109 846.19
2022	5	127 215.59	17	172 598.76
2023	21	407 912.63	12	216 201.66

表 4-12　2023 年种业投资事件

披露/公告日期	融资企业	投资方	融资金额（万元）
2023-02-07	陕西大唐种业股份有限公司	铜川市产业投资集团有限责任公司	1 500.00
2023-03-09	河南金博士种业股份有限公司	杭州瑞丰生物科技有限公司	1 100.00
2023-04-21	安徽皖垦种业股份有限公司	安徽国元资本有限责任公司	1 005.96
2023-05-23	西科农业集团股份有限公司（退市）	湖南省农业科学研究院、邓华凤等8名投资者	4 306.67
2023-09-26	国投种业科技有限公司	国家开发投资集团	400 000.00
2023-02-27	柒彩蔬芯（北京）科技有限公司	新疆嘉信基金管理有限公司	
2023-03-06	北京迈泽裕丰生物科技有限责任公司	南京浦信现代农业发展产业投资基金合伙企业	
2023-01-29	山东舜丰生物科技有限公司	山东济高地纬华宸动能创业投资合伙企业	
2023-02-10	山东舜丰生物科技有限公司	济南生科企业管理咨询服务合伙企业（有限合伙）、珠海景润百欣管理咨询合伙企业（有限合伙）	
2023-04-03	山东舜丰生物科技有限公司	IDG资本	
2023-02-21	石家庄博瑞迪生物技术有限公司	万物资本等	
2023-06-19	石家庄博瑞迪生物技术有限公司	苏州道彤腾辉创业投资合伙企业（有限合伙）等	
2023-04-20	苏州齐禾生科生物科技有限公司	辰德资本等	
2023-05-06	河南技丰种业集团有限公司	河南省现代种业发展基金合伙企业（有限合伙）	
2023-07-21	河南技丰种业集团有限公司	河南农投二号振兴种业发展基金合伙企业（有限合伙）	
2023-12-28	河南技丰种业集团有限公司	河南技君库农业技术合伙企业（有限合伙）等	
2023-04-25	未米生物科技（常州）有限公司	北京厚新投资管理有限公司	
2023-05-24	青岛金妈妈种业科技有限公司	青岛青创才赋股权投资合伙企业（有限合伙）、青岛青创汇金投资合伙企业（有限合伙）	
2023-06-19	天津极智生物科技有限公司	烟台顺达胜房地产信息服务有限公司	
2023-08-19	武汉双绿源创芯科技研究院有限公司	隆平生物技术（海南）有限公司	
2023-10-10	海南隆玉高科技有限公司	华颂种业股份有限公司	

表4-13　2023年种业并购事件

首次披露日	交易标的	交易买方	交易总价值（万元）	最新进度（2023年年末）
2023-02-28	福建科力种业有限公司51%股权	隆平高科（000998.SZ）	3 117.08	完成
2023-04-25	河北新纪元种业有限公司67.90%股权	荃银高科（300087.SZ）	22 407.00	完成
2023-06-16	酒泉庆和农业开发有限公司70%股权	绿亨科技（870866）	5 623.00	完成
2023-07-31	隆平农业发展股份有限公司7.14%股权	隆平高科（000998.SZ）	80 098.00	完成
2023-09-13	隆平农业发展股份有限公司6.531 5%股份	隆平高科（000998.SZ）	76 131.07	完成
2023-08-01	凯凯科技（872748.NQ，退市）11.51%股权	定西市建设投资有限公司	2 443.30	完成
2023-09-05	美奥种业（838036.NQ）20%股权	李祖平	2 259.20	完成
2023-11-07	安徽华成种业股份有限公司18.39%股权	农发种业（600313）	1 288.12	完成
2022-07-19	广东鲜美种苗股份有限公司50.99%的股权	北京创种科技有限公司	15 184.89	完成
2023-08-31	吉林省宏泽现代农业有限公司51%股权	北京创种科技有限公司	7 650.00	完成
	四川金色绿丹种业有限公司51%股权	北京创种科技有限公司		完成
	内蒙古蒙龙种业科技有限公司23%的股权	北京创种科技有限公司		完成
2023-12-30	隆平生物技术（海南）有限公司10.94%股权	央企贫困地区基金	36 101.46	进行中
2023-11-10	敦煌种业（600354）11.03%股权	酒泉钢铁（集团）有限责任公司	无偿划转	进行中
2023-03-15	丰乐种业（000713.SZ）20.00%股权	国投种业科技有限公司	109 417.47	进行中

数据来源：万得数据库。

二、种业阵型企业发展情况

农作物种业阵型企业共75家，其中，专业化平台企业6家，农作物种业企业69家（表4-14）。考虑中农发种业集团股份有限公司等4家企业重复承担多种作物的情况，实际阵型企业数量为64家。由于广西康泽农业科技有限公司等3家公司没有种子生产经营许可证，中国种子集团有限公司等10家公司报表已并入母公司且母公司同属阵型企业，故此13家企业不纳入计算，因此，2023年阵型企业数据分析基数是51家企业的经营数据。

表4-14　农作物种业阵型企业名单

序号	阵型	物种	企业名称	序号	阵型	物种	企业名称
1	强优势阵型	小麦	中农发种业集团股份有限公司	36	破难题阵型	食用菌	上海雪榕生物科技股份有限公司
2	强优势阵型	小麦	山东鲁研农业良种有限公司	37	破难题阵型	食用菌	福建万辰生物科技股份有限公司

（续表）

序号	阵型	物种	企业名称	序号	阵型	物种	企业名称
3	强优势阵型	小麦	江苏省大华种业集团有限公司	38	补短板阵型	玉米	中农发种业集团股份有限公司
4	强优势阵型	小麦	江苏明天种业科技股份有限公司	39	补短板阵型	玉米	云南大天种业有限公司
5	强优势阵型	小麦	河北众人信农业科技股份有限公司	40	补短板阵型	玉米	袁隆平农业高科技股份有限公司
6	强优势阵型	小麦	安徽皖垦种业股份有限公司	41	补短板阵型	玉米	先正达集团中国（三北种业有限公司）
7	强优势阵型	水稻	重庆中一种业有限公司	42	补短板阵型	玉米	山东登海种业股份有限公司
8	强优势阵型	水稻	中国种子集团有限公司	43	补短板阵型	玉米	内蒙古巴彦淖尔市科河种业有限公司
9	强优势阵型	水稻	浙江勿忘农种业股份有限公司	44	补短板阵型	玉米	辽宁东亚种业有限公司
10	强优势阵型	水稻	袁隆平农业高科技股份有限公司	45	补短板阵型	玉米	九圣禾种业股份有限公司
11	强优势阵型	水稻	四川省绿丹种业有限责任公司	46	补短板阵型	玉米	吉林省鸿翔农业集团鸿翔种业有限公司
12	强优势阵型	水稻	湖北省种子集团有限公司	47	补短板阵型	玉米	湖北康农种业股份有限公司
13	强优势阵型	水稻	黑龙江省龙科种业集团有限公司	48	补短板阵型	玉米	河南秋乐种业科技股份有限公司
14	强优势阵型	水稻	合肥丰乐种业股份有限公司	49	补短板阵型	玉米	甘肃省敦煌种业集团股份有限公司
15	强优势阵型	水稻	广西兆和种业有限公司	50	补短板阵型	玉米	北京顺鑫农科种业科技有限公司
16	强优势阵型	水稻	广西绿海种业有限公司	51	补短板阵型	玉米	北大荒垦丰种业股份有限公司
17	强优势阵型	水稻	北京金色农华种业科技股份有限公司	52	补短板阵型	油料	中垦锦绣华农武汉科技有限公司
18	强优势阵型	水稻	北大荒垦丰种业股份有限公司	53	补短板阵型	油料	陕西荣华农业科技有限公司
19	强优势阵型	水稻	安徽荃银高科种业股份有限公司	54	补短板阵型	油料	青岛华实种苗有限公司
20	破难题阵型	糖料	先正达集团中国	55	补短板阵型	油料	河南金沃野农业发展有限公司
21	破难题阵型	糖料	广西康泽农业科技有限公司	56	补短板阵型	油料	安徽国豪农业科技有限公司
22	破难题阵型	糖料	北京金色谷雨种业科技有限公司	57	补短板阵型	薯类杂粮	内蒙古坤元太和农业科技有限公司

（续表）

序号	阵型	物种	企业名称	序号	阵型	物种	企业名称
23	破难题阵型	蔬菜	中蔬种业科技（北京）有限公司	58	补短板阵型	薯类杂粮	华颂种业股份有限公司
24	破难题阵型	蔬菜	新疆农乐农业发展有限责任公司	59	补短板阵型	薯类杂粮	河北冶海农业科技有限公司
25	破难题阵型	蔬菜	西昌科威洋葱种业有限公司	60	补短板阵型	薯类杂粮	河北巡天农业科技有限公司
26	破难题阵型	蔬菜	天津德瑞特种业有限公司	61	补短板阵型	薯类杂粮	邯郸市禾下土种业有限公司
27	破难题阵型	蔬菜	上海惠和种业有限公司	62	补短板阵型	棉花	中棉种业科技股份有限公司
28	破难题阵型	蔬菜	山东寿光蔬菜种业集团有限公司	63	补短板阵型	棉花	新疆塔里木河种业股份有限公司
29	破难题阵型	蔬菜	青岛胶研种苗有限公司	64	补短板阵型	棉花	新疆金丰源种业股份有限公司
30	破难题阵型	蔬菜	宁波微萌种业有限公司	65	补短板阵型	棉花	河间市国欣农村技术服务总会
31	破难题阵型	蔬菜	京研益农（北京）种业科技有限公司	66	补短板阵型	大豆	山东圣丰种业科技有限公司
32	破难题阵型	蔬菜	华盛农业集团股份有限公司	67	补短板阵型	大豆	山东诚丰种业科技有限公司
33	破难题阵型	蔬菜	湖南湘研种业有限公司	68	补短板阵型	大豆	黑龙江省龙科种业集团有限公司
34	破难题阵型	蔬菜	安徽江淮园艺种业股份有限公司	69	补短板阵型	大豆	北大荒垦丰种业股份有限公司
35	破难题阵型	食用菌	天水众兴菌业科技股份有限公司				

注：①序号21、36、37由于没有种子生产经营许可证，所以没有填报数据；序号8、12、19、26、33、34、41、52、59、60、64的报表已并入母公司，且母公司同属阵型企业，因此不纳入计算。②先正达集团中国采用先正达集团股份有限公司数据、华颂种业股份有限公司数据采用旗下两家子公司内蒙古华颂农业科技有限公司和内蒙古华颂种业科技有限公司的数据计算，四川省绿丹种业有限责任公司更名为四川金色绿丹种业有限公司。

（一）阵型企业规模情况

1. 阵型企业资产

2023年，种业阵型企业的资产总额达800.86亿元，比2022年增加176.58亿元，占全部种业企业总资产的24.46%。净资产总额达390.11元，占全部种业企业净资产的22.85%。固定资产净额为98.00亿元，占全部种业企业固定资产的16.75%。

2. 阵型企业人员情况

种业阵型企业的职工总人数18 008人，其中本科以上学历7 629人，科研人员3 528人（表4-15）。

表 4-15　2023 年种业阵型企业人员情况　　　　　　　　　　　　　　　　　　　（单位：人）

	职工人数	本科以上学历职工人数	科研人员数量	职工平均数	本科学历职工平均数	科研人员平均数
阵型企业	18 008	7 629	3 528	353	150	69
全部企业	151 313	42 365	27 979	18	5	3

（二）阵型企业经营情况

1. 企业销售收入

2023 年，阵型企业实现种子销售收入 287.05 亿元，占全部企业种子销售收入的 22.82%，其中代制（繁）种子销售收入 12.27 亿元，商品种子销售收入 274.78 亿元，商品种子销售中本企业商品种子销售收入 265.54 亿元（含本企业商品种子出口 6.30 亿元），销售其他企业商品种子销售收入 9.23 亿元（表 4-16）。

表 4-16　2023 年种业阵型企业种子销售情况　　　　　　　　　　　　　　　　　　（单位：亿元）

	阵型企业	全部企业
种子销售收入	287.05	1 257.77
1　代制（繁）种子销售收入	12.27	140.60
2　商品种子销售收入	274.78	1 117.17
2.1　销售本企业商品种子	265.54	1 002.15
2.1.1　在国内销售本企业商品种子	259.25	956.82
2.1.2　出口销售本企业商品种子	6.30	15.75
2.2　销售其他企业商品种子	9.23	115.02

2. 企业销售利润

2023 年，阵型企业实现利润总额 26.82 亿元，种子经营利润 24.37 亿元。阵型企业的行业利润率（即种子经营利润率）7.25%，种业企业的净资产收益率 6.76%（表 4-17，表 4-18）。

表 4-17　2023 年种业阵型企业销售利润情况

	阵型企业（亿元）	全部企业（亿元）	占比（%）
利润总额	26.82	129.81	20.66
种子经营利润	24.37	108.46	22.47
净利润总额	26.36	126.65	20.81
种子经营净利润	23.57	104.59	22.54

表 4-18　2023 年种业阵型企业利润率与资产收益率　　　　　　　　　　（单位：%）

	阵型企业	全部企业
种子经营利润率	7.25	8.23
净资产收益率	6.76	7.42

（三）阵型企业科研投入情况

2023 年，阵型企业科研总投入为 27.03 亿元，占全部企业的 35.74%。其中，企业自主科研投入 24.24 亿元，财政项目投入资金 2.79 亿元。阵型企业科研投入占种子销售额的 9.42%，占本企业商品种子销售收入的 10.18%。（表 4-19）。

表 4-19　2023 年种业阵型企业科研投入情况

	阵型企业	全部企业
科研总投入（亿元）	27.03	75.62
企业自主投入（亿元）	24.24	68.02
财政项目对本企业投入（亿元）	2.79	7.30
非财政资金对本企业的合作投入（亿元）	0.00	0.30
科研投入与种子销售收入的比值（%）	9.42	6.01
科研投入与本企业商品种子销售收入的比值（%）	10.18	7.55

三、育繁推一体化种业企业经营情况

截至 2023 年年底，共有持证育繁推一体化企业 144 家。考虑兼并重组后母公司报表包含子公司的情况，剔除母子公司同属育繁推企业的子公司数据，纳入计算的企业有 121 家。

（一）育繁推一体化企业规模情况

1. 育繁推一体化企业资产

2023 年，种业育繁推一体化企业的资产总额达 1 051.67 亿元，比 2022 年增加 256.86 亿元，占全部种业企业总资产的 32.12%。净资产总额达 513.26 元，比 2022 年增加 85.04 亿元，占全部种业企业净资产的 30.06%。固定资产净额为 148.03 亿元，比 2022 年增加 26.67 亿元，占全部种业企业固定资产的 25.30%。

2. 育繁推一体化企业人员

育繁推一体化种业企业的职工总人数 26 202 人，比 2022 年增加 6 270 人，占全国的 17.32%。其中，本科以上学历 11 066 人，科研人员 5 077 人，分别占全国的 26.12% 和 18.15%（表 4-20）。

表 4-20　2023 年育繁推一体化企业人员情况　　　　　　　　　　　　　　　　　　　　（单位：人）

	职工人数	本科以上学历职工人数	科研人员数量	职工平均数	本科学历职工平均数	科研人员平均数
育繁推一体化企业	26 202	11 066	5 077	217	91	42
全部企业	151 313	42 365	27 979	18	5	3

（二）育繁推一体化企业经营情况

1. 育繁推一体化企业的种子销售

2023 年，育繁推一体化企业实现种子销售收入 424.26 亿元，比 2022 年增长 26.51%，占全部企业种子销售收入的 33.73%。其中代制（繁）种子销售收入 16.18 亿元，比 2022 年增长 24.91%；商品种子销售收入 408.09 亿元，比 2022 年增长 31.07%；商品种子销售中本企业商品种子销售收入 397.37 亿元（含本企业商品种子出口 6.65 亿元），比 2022 年增长 31.12%；销售其他企业商品种子销售收入 10.72 亿元，比 2022 年减少 3.19%（表 4-21）。

表 4-21　2023 年育繁推一体化企业种子销售情况　　　　　　　　　　　　　　　　　（单位：亿元）

	育繁推一体化企业	全部企业
种子销售收入	424.26	1 257.77
1 代制（繁）种子销售收入	16.18	140.60
2 商品种子销售收入	408.09	1 117.17
2.1 销售本企业商品种子	397.37	1 002.15
2.1.1 在国内销售本企业商品种子	390.72	986.40
2.1.2 出口销售本企业商品种子	6.65	15.75
2.2 销售其他企业商品种子	10.72	115.02

2. 育繁推一体化企业的种子销售利润

2023 年，育繁推一体化企业实现利润总额 44.32 亿元，比 2022 年增长 43.19%，占全部企业种子销售利润的 34.14%；种子经营利润 44.29 亿元。育繁推一体化企业的行业利润率（即种子经营利润率）为 9.23%，比 2022 年提高 1.53 个百分点；种业企业的净资产收益率 8.61%，比 2022 年提高 1.76 个百分点（表 4-22，表 4-23）。

表 4-22　2023 年育繁推一体化企业销售利润情况

	育繁推一体化企业（亿元）	全部企业（亿元）	占比（%）
利润总额	44.32	129.81	34.14
种子经营利润	44.29	108.46	40.84
净利润总额	44.18	126.65	34.88
种子经营净利润	40.57	104.59	38.79

表4-23　2023年育繁推一体化企业利润率与资产收益率情况　　　　　　　　　　（单位：%）

	育繁推一体化企业	全部企业
种子经营利润率	9.23	8.23
净资产收益率	8.61	7.42

（三）育繁推一体化企业科研投入情况

2023年，育繁推一体化种业企业科研总投入为32.21亿元，比2022年增加8.91亿元，占本企业商品种子销售收入的8.11%。其中，企业自主科研投入27.86亿元，财政项目投入资金4.35亿元（表4-24）。

表4-24　2023年育繁推一体化企业科研投入情况

	育繁推一体化企业	全部企业
科研总投入（亿元）	32.21	75.62
企业自主投入（亿元）	27.86	68.02
财政项目对本企业投入（亿元）	4.35	7.30
非财政资金对本企业的合作投入（亿元）	0.00	0.30
科研投入与种子销售收入的比值（%）	7.59	6.01
科研投入与本企业商品种子销售收入的比值（%）	8.11	7.55

四、瓜菜种业企业经营发展情况

据初步统计，2023年全国经营大白菜、结球甘蓝、黄瓜、番茄、辣椒、豇豆、四季豆、茎瘤芥、芹菜、菠菜、白萝卜、胡萝卜、大葱、青梗菜、青花菜、花椰菜、洋葱、茄子、南瓜、冬瓜、西葫芦、黄花菜、西瓜、甜瓜等24种瓜菜作物种子的企业3 445家[①]，其中大白菜企业880家、结球甘蓝企业514家、黄瓜企业920家、番茄企业949家、辣椒企业1 188家、豇豆企业909家、四季豆企业763家、茎瘤芥企业79家、芹菜企业452家、菠菜企业629家、白萝卜企业694家、胡萝卜企业444家、大葱企业318家、青梗菜企业331家、青花菜企业160家、花椰菜企业232家、洋葱企业116家、茄子企业562家、南瓜企业786家、冬瓜企业267家、西葫芦企业527家、黄花菜企业3家、西瓜企业897家、甜瓜企业608家。

---

① 同一家企业经营多种瓜菜作物种子的，按一家企业计算。

（一）企业经营情况

据不完全统计，2023年瓜菜企业实现种子销售收入145.85亿元，占全部企业种子销售收入的11.60%，其中代制（繁）种子销售收入12.12亿元，商品种子销售收入112.21亿元，商品种子销售收入中本企业商品种子销售收入98.31亿元（含本企业商品种子出口6.77亿元），销售其他企业商品种子销售收入35.42亿元。2023年企业共实现瓜菜种苗销售收入19.77亿元。

2023年瓜菜企业商品种子总销量5 556.66万千克，其中出口国外的种子292.27万千克；瓜菜企业种苗销售量147.26亿株。

（二）各类瓜菜作物企业国内经营情况

1. 大白菜企业

2023年，实现销售收入6.65亿元，占全部瓜菜企业销售收入的4.56%。其中，销售种子收入6.44亿元（销售本企业商品种子收入5.26亿元，销售其他企业商品种子收入0.54亿元），种苗销售收入0.21亿元（自有品种育苗销售收入0.10亿元，其他企业品种育苗销售收入0.11亿元）。种子总销量727.34万千克，其中，商品种子总销量597.20万千克，本企业商品种子总销量571.97万千克。种苗销售量14 871.85万株，其中自有品种育苗销售量4 271.21万株，其他企业品种育苗销售量10 600.64万株。

2. 结球甘蓝企业

2023年，实现销售收入3.77亿元，占全部瓜菜企业销售收入的2.58%。其中，销售种子收入3.40亿元（销售本企业商品种子收入2.51亿元，销售其他企业商品种子收入0.81亿元），种苗销售收入0.37亿元（自有品种育苗销售收入0.09亿元，其他企业品种育苗销售收入0.28亿元）。种子总销量66.55万千克，其中商品种子总销量60.29万千克，本企业商品种子总销量54.80万千克。种苗销售量28 953.71万株，其中自有品种育苗销售量5 882.6万株，其他企业品种育苗销售量23 071.11万株。

3. 黄瓜企业

2023年，实现销售收入6.60亿元，占全部瓜菜企业销售收入的4.53%。其中，销售种子收入4.83亿元（销售本企业商品种子收入3.89亿元，销售其他企业商品种子收入0.77亿元），种苗销售收入1.77亿元（自有品种育苗销售收入0.95亿元，其他企业品种育苗销售收入0.82亿元）。种子总销量63.72万千克，其中商品种子总销量59.78万千克，本企业商品种子总销量53.87万千克。种苗销售量28 365.98万株，其中自有品种育苗销售量14 269.76万株，其他企业品种育苗销售量14 096.22万株。

4. 番茄企业

2023年，实现销售收入20.57亿元，占全部瓜菜企业销售收入的14.10%。其中，销售种子收入15.26亿元（销售本企业商品种子收入8.70亿元，销售其他企业商品种子收入4.58亿元），种苗销售收入5.31亿元（自有品种育苗销售收入1.89亿元，其他企业品种育苗销售收入3.42亿元）。种子总销量 30.92 万千克，其中商品种子总销量 19.12 万千克，本企业商品种子总销量 12.87 万千克。种苗销售量 86 907.06 万株，其中自有品种育苗销售量 31 360.91 万株，其他企业品种育苗销售量 55 546.16 万株。

5. 辣椒企业

2023 年，实现销售收入 24.72 亿元，占全部瓜菜企业销售收入的 16.95%。其中，销售种子收入 20.59 亿元（销售本企业商品种子收入 16.19 亿元，销售其他企业商品种子收入 2.14 亿元），种苗销售收入 4.13 亿元（自有品种育苗销售收入 1.13 亿元，其他企业品种育苗销售收入 2.60 亿元）。种子总销量 134.22 万千克，其中商品种子总销量 107.44 万千克，本企业商品种子总销量 101.07 万千克。种苗销售量 124 668.94 万株，其中自有品种育苗销售量 58 145.70 万株，其他企业品种育苗销售量 66 523.24 万株。

6. 豇豆企业

2023 年，实现销售收入 5.23 亿元，占全部瓜菜企业销售收入的 3.59%。其中，销售种子收入 5.21 亿元（销售本企业商品种子收入 4.64 亿元，销售其他企业商品种子收入 0.27 亿元），种苗销售收入 0.02 亿元（自有品种育苗销售收入 0.01 亿元，其他企业品种育苗销售收入 0.01 亿元）。种子总销量 1 196.69 万千克，其中商品种子总销量 1 102.65 万千克，本企业商品种子总销量 1 040.14 万千克。种苗销售量 614.30 万株，其中自有品种育苗销售量 123.61 万株，其他企业品种育苗销售量 490.69 万株。

7. 四季豆企业

2023 年，实现销售收入 3.10 亿元，占全部瓜菜企业销售收入的 2.13%。其中，销售种子收入 3.07 亿元（销售本企业商品种子收入 2.53 亿元，销售其他企业商品种子收入 0.14 亿元），种苗销售收入 0.03 亿元（自有品种育苗销售收入 0.02 亿元，其他企业品种育苗销售收入 0.01 亿元）。种子总销量 1 100.76 万千克，其中商品种子总销量 921.69 万千克，本企业商品种子总销量 867.84 万千克。种苗销售量 598.25 万株，其中自有品种育苗销售量 284.25 万株，其他企业品种育苗销售量 314.00 万株。

8. 茎瘤芥企业

2023 年，实现销售收入 0.26 亿元，占全部瓜菜企业销售收入的 0.18%。全部为销售商品种子收入，其中，销售本企业商品种子收入 0.25 亿元。种子总销量 28.31 万千克，其中商品种子总销量 28.05 万千克，本企业商品种子总销量 27.74 万千克。

9. 芹菜企业

2023 年，实现销售收入 1.49 亿元，占全部瓜菜企业销售收入的 1.02%。其中，销售种子收入 1.20 亿元（销售本企业商品种子收入 0.98 亿元，销售其他企业商品种子收入 0.13 亿元），种苗销售收入 0.29 亿元（自有品种育苗销售收入 0.09 亿元，其他企业品种育苗销售收入 0.20 亿元）。种子总销量 126.54 万千克，其中商品种子总销量 103.36 万千克，本企业商品种子总销量 99.14 万千克。种苗销售量 1 027 267.66 万株，其中自有品种育苗销售量 1 007 400.78 万株，其他企业品种育苗销售量 19 866.87 万株。

10. 菠菜企业

2023 年，实现销售收入 3.61 亿元，占全部瓜菜企业销售收入的 2.48%。全部为销售商品种子收入，其中，销售本企业商品种子收入 1.72 亿元。种子总销量 780.65 万千克，其中商品种子总销量 684.35 万千克，本企业商品种子总销量 493.76 万千克。

11. 白萝卜企业

2023 年，实现销售收入 4.47 亿元，占全部瓜菜企业销售收入的 3.06%。全部为销售种子收入，其中，销售本企业商品种子收入 3.33 亿元，销售其他企业商品种子收入 0.25 亿元。种子总销量 719.52 万千克，其中商品种子总销量 527.00 万千克，本企业商品种子总销量 488.28 万千克。

12. 胡萝卜企业

2023 年，实现销售收入 7.26 亿元，占全部瓜菜企业销售收入的 4.98%。全部为销售种子收入，其中，销售本企业商品种子收入 3.81 亿元。种子总销量 111.51 万千克，其中商品种子总销量 98.28 万千克，本企业商品种子总销量 82.39 万千克。

13. 大葱企业

2023 年，实现销售收入 3.44 亿元，占全部瓜菜企业销售收入的 2.36%。其中，销售种子收入 3.41 亿元（销售本企业商品种子收入 1.97 亿元，销售其他企业商品种子收入 1.33 亿元），种苗销售收入 0.03 亿元（自有品种育苗销售收入 0.01 亿元，其他企业品种育苗销售收入 0.02 亿元）。种子总销量 68.59 万千克，其中商品种子总销量 61.92 万千克，本企业商品种子总销量 44.21 万千克。种苗销售量 4 578.96 万株，其中自有品种育苗销售量 1 200.13 万株，其他企业品种育苗销售量 3 378.83 万株。

14. 青梗菜企业

2023 年，实现销售收入 2.64 亿元，占全部瓜菜企业销售收入的 1.81%。其中，销售种子收入 2.61 亿元（销售本企业商品种子收入 2.21 亿元，销售其他企业商品种子收入 0.09 亿元），种苗销售收入 0.03 亿元（自有品种育苗销售收入 0.01 亿元，其他企业品种育苗销售收入 0.02 亿元）。种子总销量 485.73 万千克，其中商品种子总销量 399.32 万千克，本企业商品种子总销量 387.33 万千克。种苗销售量 5 808.33 万株，其中自有品种育苗销售量 113.95 万株，其他企业品种育苗销售量 5 694.38 万株。

15. 青花菜企业

2023 年，实现销售收入 3.69 亿元，占全部瓜菜企业销售收入的 2.53%。其中，销售种子收入 3.57 亿元（销售本企业商品种子收入 1.30 亿元，销售其他企业商品种子收入 2.17 亿元），种苗销售收入 0.12 亿元（自有品种育苗销售收入 0.01 亿元，其他企业品种育苗销售收入 0.11 亿元）。种子总销量 12.70 万千克，其中商品种子总销量 6.98 万千克，本企业商品种子总销量 4.20 万千

克。种苗销售量7 222.35万株，其中自有品种育苗销售量688.09万株，其他企业品种育苗销售量6 534.26万株。

16. 花椰菜企业

2023年，实现销售收入2.16亿元，占全部瓜菜企业销售收入的1.48%。其中，销售种子收入1.92亿元（销售本企业商品种子收入1.47亿元，销售其他企业商品种子收入0.30亿元），种苗销售收入0.24亿元（自有品种育苗销售收入0.08亿元，其他企业品种育苗销售收入0.16亿元）。种子总销量25.14万千克，其中商品种子总销量17.67万千克，本企业商品种子总销量16.00万千克。种苗销售量15 324.18万株，其中自有品种育苗销售量5 582.83万株，其他企业品种育苗销售量9 741.35万株。

17. 洋葱企业

2023年，实现销售收入4.65亿元，占全部瓜菜企业销售收入的3.19%。其中，销售种子收入4.60亿元（销售本企业商品种子收入1.96亿元，销售其他企业商品种子收入2.38亿元），种苗销售收入0.05亿元（自有品种育苗销售收入0.02亿元，其他企业品种育苗销售收入0.03亿元）。种子总销量33.84万千克，其中商品种子总销量26.47万千克，本企业商品种子总销量14.78万千克。种苗销售量3 784.59万株，其中自有品种育苗销售量1 169.25万株，其他企业品种育苗销售量2 615.34万株。

18. 茄子企业

2023年，实现销售收入2.58亿元，占全部瓜菜企业销售收入的1.77%。其中，销售种子收入1.53亿元（销售本企业商品种子收入1.15亿元，销售其他企业商品种子收入0.35亿元），种苗销售收入1.05亿元（自有品种育苗销售收入0.42亿元，其他企业品种育苗销售收入0.63亿元）。种子总销量9.95万千克，其中商品种子总销量8.95万千克，本企业商品种子总销量8.20万千克。种苗销售量15 163.90万株，其中自有品种育苗销售量5 849.28万株，其他企业品种育苗销售量9 314.62万株。

19. 南瓜企业

2023年，实现销售收入6.17亿元，占全部瓜菜企业销售收入的4.23%。其中，销售种子收入6.05亿元（销售本企业商品种子收入4.26亿元，销售其他企业商品种子收入0.38亿元），种苗销售收入0.12亿元（自有品种育苗销售收入0.05亿元，其他企业品种育苗销售收入0.07亿元）。种子总销量271.65万千克，其中商品种子总销量168.05万千克，本企业商品种子总销量159.07万千克。种苗销售量2 029.06万株，其中自有品种育苗销售量679.83万株，其他企业品种育苗销售量1 349.23万株。

20. 冬瓜企业

2023年，实现销售收入0.58亿元，占全部瓜菜企业销售收入的0.40%。其中，销售种子收入0.49亿元（销售本企业商品种子收入0.44亿元，销售其他企业商品种子收入0.03亿元），种苗销售收入 0.09 亿元（自有品种育苗销售收入 0.01 亿元，其他企业品种育苗销售收入 0.08 亿元）。种子总销量 13.20 万千克，其中商品种子总销量 11.13 万千克，本企业商品种子总销量 10.54 万千克。种苗销售量 1 140.06 万株，其中自有品种育苗销售量 106.09 万株，其他企业品种育苗销售量 1 033.97 万株。

21. 西葫芦企业

2023 年，实现销售收入 3.47 亿元，占全部瓜菜企业销售收入的 2.38%。其中，销售种子收入 3.37 亿元（销售本企业商品种子收入 2.49 亿元，销售其他企业商品种子收入 0.11 亿元），种苗销售收入 0.10 亿元（自有品种育苗销售收入 0.06 亿元，其他企业品种育苗销售收入 0.04 亿元）。种子总销量 318.75 万千克，其中商品种子总销量 254.54 万千克，本企业商品种子总销量 248.67 万千克。种苗销售量 1 159.52 万株，其中自有品种育苗销售量 362.19 万株，其他企业品种育苗销售量 797.33 万株。

22. 黄花菜企业

2023 年，实现销售收入 11.35 万元，占全部瓜菜企业销售收入的比例不到 0.01%，全部为销售本企业商品种子收入。种子总销量 0.17 万千克，全部为本企业商品种子销量。

23. 西瓜企业

2023 年，实现销售收入 16.32 亿元，占全部瓜菜企业销售收入的 11.19%。其中，销售种子收入 11.90 亿元（销售本企业商品种子收入 9.81 亿元，销售其他企业商品种子收入 0.65 亿元），种苗销售收入 4.42 亿元（自有品种育苗销售收入 1.79 亿元，其他企业品种育苗销售收入 2.63 亿元）。种子总销量 281.83 万千克，其中商品种子总销量 254.59 万千克，本企业商品种子总销量 249.74 万千克。种苗销售量 65 376.22 万株，其中自有品种育苗销售量 24 301.82 万株，其他企业品种育苗销售量 41 074.40 万株。

24. 甜瓜企业

2023 年，实现销售收入 4.85 亿元，占全部瓜菜企业销售收入的 3.33%。其中，销售种子收入 4.26 亿元（销售本企业商品种子收入 3.25 亿元，销售其他企业商品种子收入 0.67 亿元），种苗销售收入 0.59 亿元（自有品种育苗销售收入 0.11 亿元，其他企业品种育苗销售收入 0.48 亿元）。种子总销量 49.38 万千克，其中商品种子总销量 43.50 万千克，本企业商品种子总销量 38.31 万千克。种苗销售量 9 769.72 万株，其中自有品种育苗销售量 1 488.37 万株，其他企业品种育苗销售量 8 281.35 万株。

五、各地种业企业经营发展情况

（一）各地种业企业数量

2023 年，29 个省份和新疆兵团种业企业数量增加，增加较多的有山东、安徽、河南、河北、辽宁、黑龙江、广西、甘肃、山西，分别增加71家、69家、57家、47家、42家、38家、35家、30家和27家；吉林和新疆的种业企业数量减少，分别减少15家和2家。

2023年，山东和河南种业企业数量分别排名第一和第二，分别为815家和792家，占到全国种业企业总数量9.35%和9.08%。除西藏没有种业企业外，青海种业企业数量最少，仅31家。2023年各省份的种业企业数量分布情况见表4-25。

表4-25　2019—2023年各省份种业企业数量　　　　　　　　　　　　　　　　（单位：家）

省份	2023年	2022年	2021年	2020年	2019年	省份	2023年	2022年	2021年	2020年	2019年
山东	815	744	677	617	566	宁夏	219	216	205	173	100
河南	792	735	668	641	572	山西	206	179	171	166	159
甘肃	706	676	652	633	567	江苏	176	161	154	151	138
河北	559	512	459	445	401	湖南	171	157	156	144	120
辽宁	512	470	456	434	391	江西	159	152	143	108	147
黑龙江	474	436	415	428	337	福建	147	143	138	126	97
安徽	450	381	319	295	285	贵州	132	118	110	112	41
广西	433	398	363	388	286	浙江	127	116	104	95	91
四川	388	382	374	347	274	陕西	116	112	106	103	99
北京	298	297	295	298	269	重庆	105	96	87	71	33
广东	296	277	282	265	262	海南	72	61	48	50	38
吉林	254	269	274	289	276	天津	58	57	55	55	53
湖北	242	236	218	220	222	上海	57	54	54	52	52
新疆	229	231	211	212	142	新疆兵团	49	35	32	29	25
内蒙古	224	221	217	215	195	青海	31	28	25	30	20
云南	224	209	200	180	135	西藏	0	0	0	0	0

（二）各地种业企业人员

在各省份种业企业的从业人员中，人数超过万人的省份有山东、甘肃、河南和安徽（图4-10）。

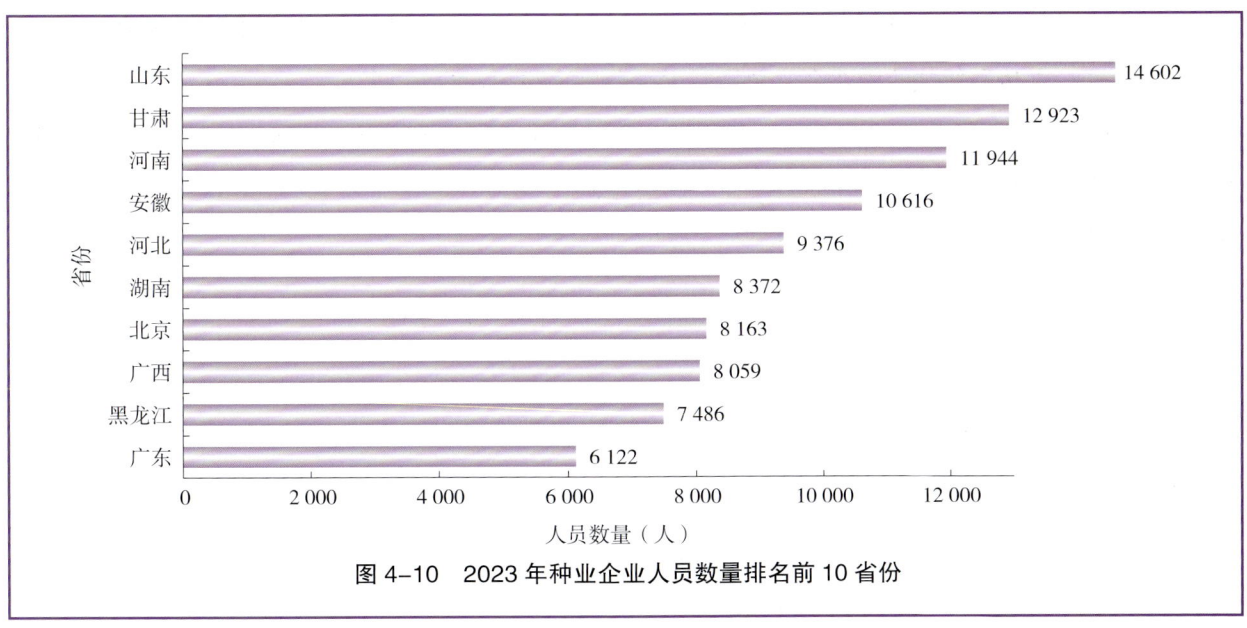

图 4-10　2023 年种业企业人员数量排名前 10 省份

山东、河南、安徽、北京和湖南是种业企业拥有本科学历以上职工数量最多的 5 个省份，分别有本科以上学历职工 4 400 名、3 877 名、3 829 名、3 319 名和 3 133 名。

山东和河南种业企业的科研人员数量最多，分别为达到 3 569 名和 2 587 名。大部分省份的科研人员比例仍旧处在 10%～30%。2023 年种子科研人员数量排名前 10 省份见图 4-11。

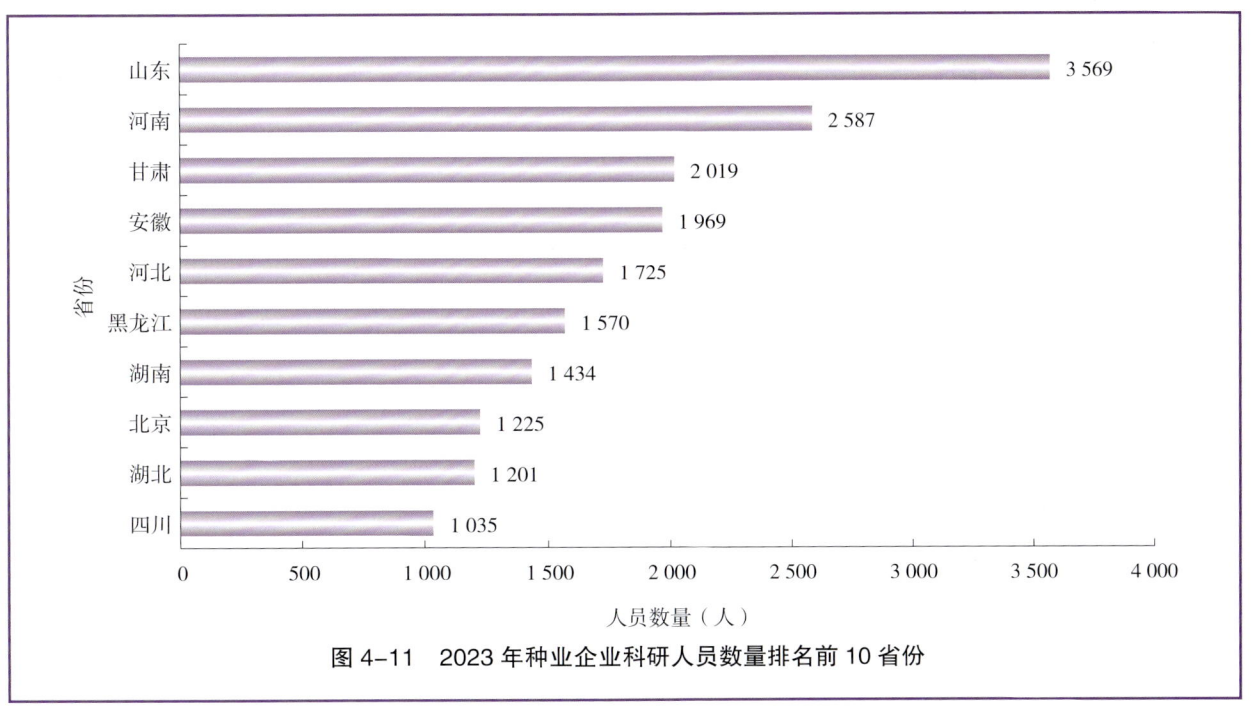

图 4-11　2023 年种业企业科研人员数量排名前 10 省份

（三）各地种业企业资产

2023 年，种业企业总资产 2 亿元以上的 291 家，其中，多于 10 家的省份有甘肃、北京、广西、河南、山东、内蒙古、黑龙江、四川、新疆、广东和贵州，分别为32家、22家、16家、14家、13家、12家、12家、12家、12家、11家和11家，占总数的57.39%。

净资产1亿元以上的种业企业共有302家，其中，多于10家的省份有甘肃、山东、北京、内蒙古、广西、新疆、辽宁、河南、安徽、四川、江苏、湖南和云南，分别有30家、23家、22家、16家、15家、14家、13家、12家、12家、11家、11家、11家和11家，占总数的66.56%。

固定资产5 000万元以上的种业企业共有211家，其中，多于10家的省份有甘肃、山东、广西、北京、黑龙江和内蒙古，分别为20家、18家、15家、14家、14家和12家，占总数的44.08%。2023年种业企业资产数量排名前10省份见图4-12。

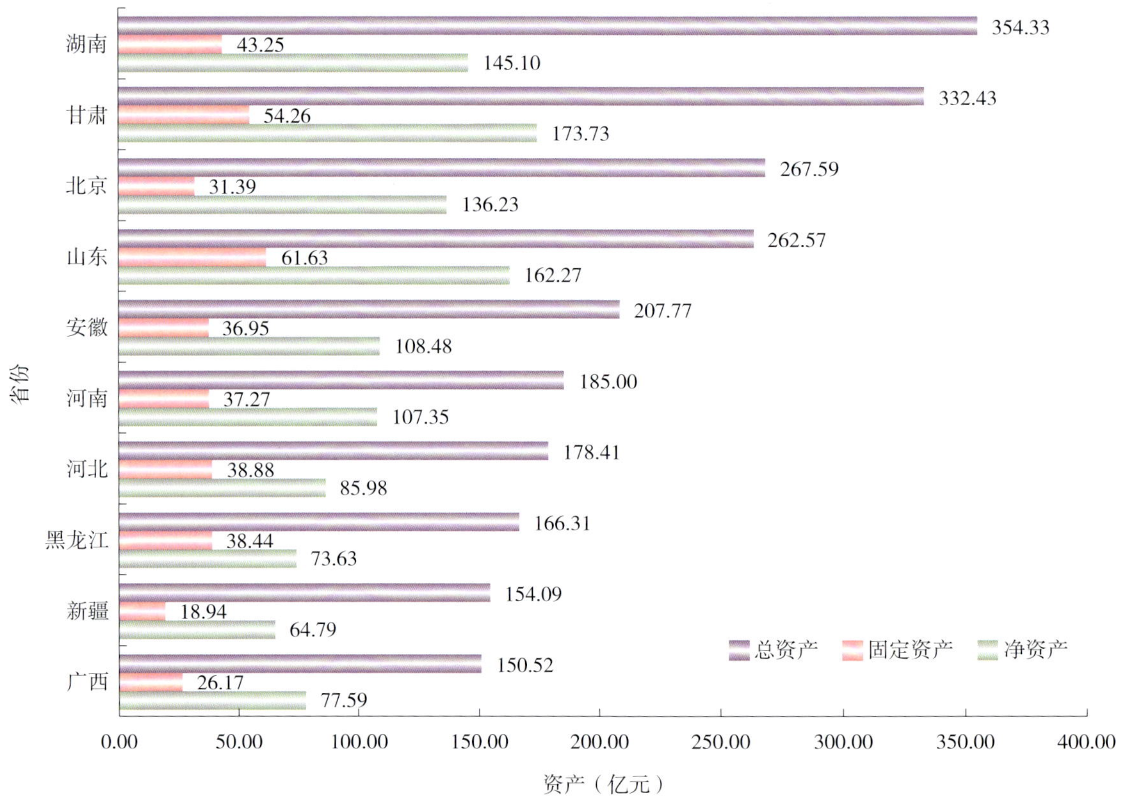

图4-12　2023年种业企业资产数量排名前10的省份

（四）各地种业企业科研投入

2023年，湖南种业企业科研投入位居全国各省份之首，为10.03亿元，比2022年增加3.74亿元，占到全国种业企业科研总投入的10.91%。企业自主科研投入力度最大的也是湖南，投入资金9.51亿元，财政项目投入企业科研力度最大的是北京，投入资金1.27亿元。2023年种业企业科研投入排名前10省份见图4-13。

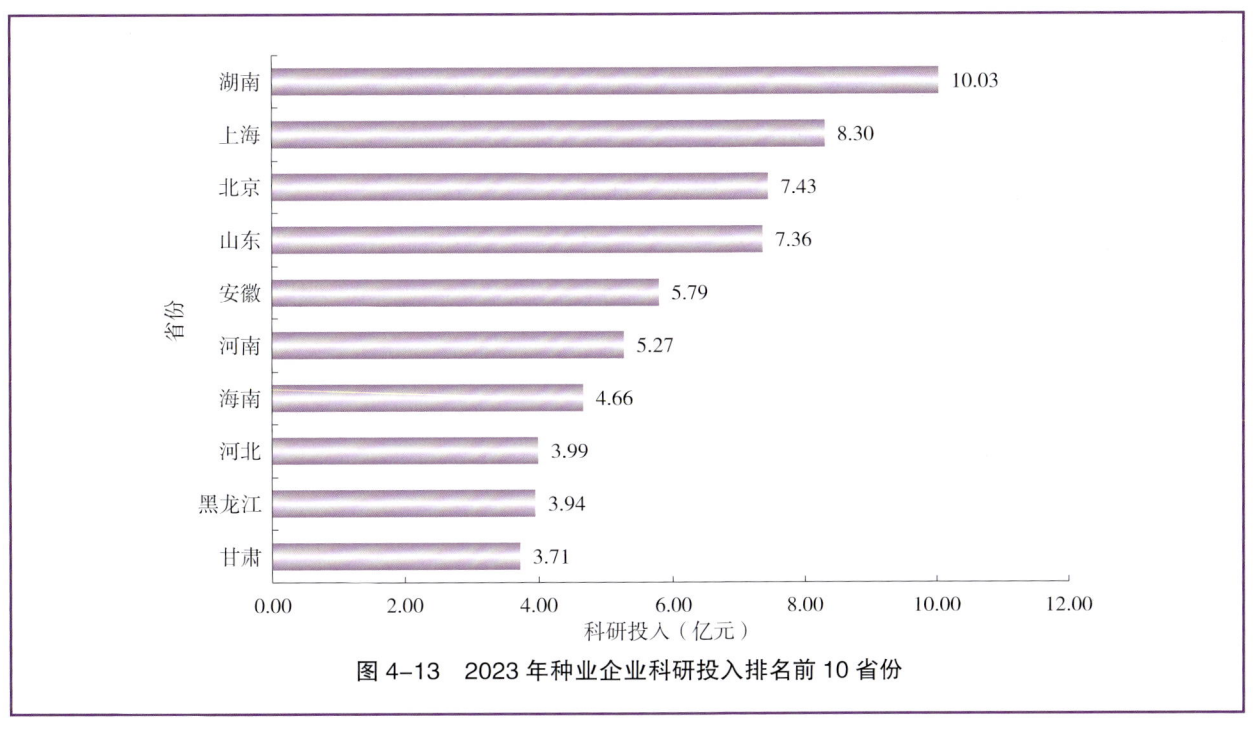

图 4-13　2023 年种业企业科研投入排名前 10 省份

（五）各地审定品种企业占比

2023 年，各地省审品种数 4 134 个。企业占比居全国各省份之首的是辽宁，企业审定品种 210 个，占比 86.78%；其次是湖南，企业审定品种 86 个，占比 81.13%；天津、河北、山西、内蒙古、吉林、黑龙江等省份的省审品种中，企业品种占比都在 60% 以上（表 4-26）。

表 4-26　2023 年各省份省审品种中企业品种情况

省份	省审品种数（个）	企业品种（个）	企业占比（%）	省份	省审品种数（个）	企业品种（个）	企业占比（%）
北京	12	6	50.00	湖北	148	90	60.81
天津	23	15	65.22	湖南	106	86	81.13
河北	279	196	70.25	广东	110	38	34.55
山西	153	97	63.40	广西	274	195	71.17
内蒙古	149	108	72.48	海南	10	6	60.00
辽宁	242	210	86.78	重庆	46	8	17.39
吉林	257	171	66.54	四川	160	76	47.50
黑龙江	493	304	61.66	贵州	121	63	52.07
上海	13	3	23.08	云南	304	180	59.21
江苏	163	80	49.08	西藏	0	0	0
浙江	53	20	37.74	陕西	113	62	54.87
安徽	229	162	70.74	甘肃	152	112	73.68
福建	61	26	42.62	青海	6	3	50.00

（续表）

省份	省审品种数（个）	企业品种（个）	企业占比（%）	省份	省审品种数（个）	企业品种（个）	企业占比（%）
江西	64	44	68.75	宁夏	0	0	0
山东	144	84	58.33	新疆	0	0	0
河南	249	132	53.01	合计	4 134	2 577	62.34

（六）各地登记品种的企业占比

2023年，各地登记品种数3 085个。企业选育登记品种占比居全国各省份之首的是安徽，企业选育登记品种69个，占比82.14%；其次是北京，企业选育登记品种245个，占比80.33%；山东、云南、甘肃、内蒙古、广东、湖南、陕西、宁夏、贵州、天津等10个省份的登记品种中，企业选育登记品种占比都在60%以上（表4-27）。

表4-27 2023年各省份登记品种中企业选育登记品种情况

省份	登记品种数（个）	企业选育数（个）	企业占比（%）	省份	登记品种数（个）	企业选育数（个）	企业占比（%）
北京	305	245	80.33	湖北	123	33	26.83
天津	53	33	62.26	湖南	61	40	65.57
河北	82	35	42.68	广东	105	69	65.71
山西	68	4	5.88	广西	36	4	11.11
内蒙古	94	67	71.28	海南	14	3	21.43
辽宁	269	130	48.33	重庆	27	5	18.52
吉林	50	29	58.00	四川	92	18	19.57
黑龙江	67	14	20.90	贵州	72	45	62.50
上海	17	3	17.65	云南	357	276	77.31
江苏	87	52	59.77	西藏	3	0	0.00
浙江	89	48	53.93	陕西	133	85	63.91
安徽	84	69	82.14	甘肃	135	98	72.59
福建	35	5	14.29	青海	15	0	0.00
江西	11	0	0.00	宁夏	44	28	63.64
山东	351	273	77.78	新疆	16	7	43.75
河南	190	99	52.11	合计	3 085	1 817	58.90

（七）各地种业企业经营效益

2023年，各地种业企业种子销售收入比较，种业企业种子销售收入居各省份之首的是甘肃，达到151.94亿元。商品种子销售收入和本企业商品种子销售收入居各省份之首的都是山东，分别达到132.64亿元和118.69亿元（图4-14）。代制（繁）种子销售收入最高的省份为制（繁）种集中地甘肃，制（繁）种销售收入达到 72.59 亿元。

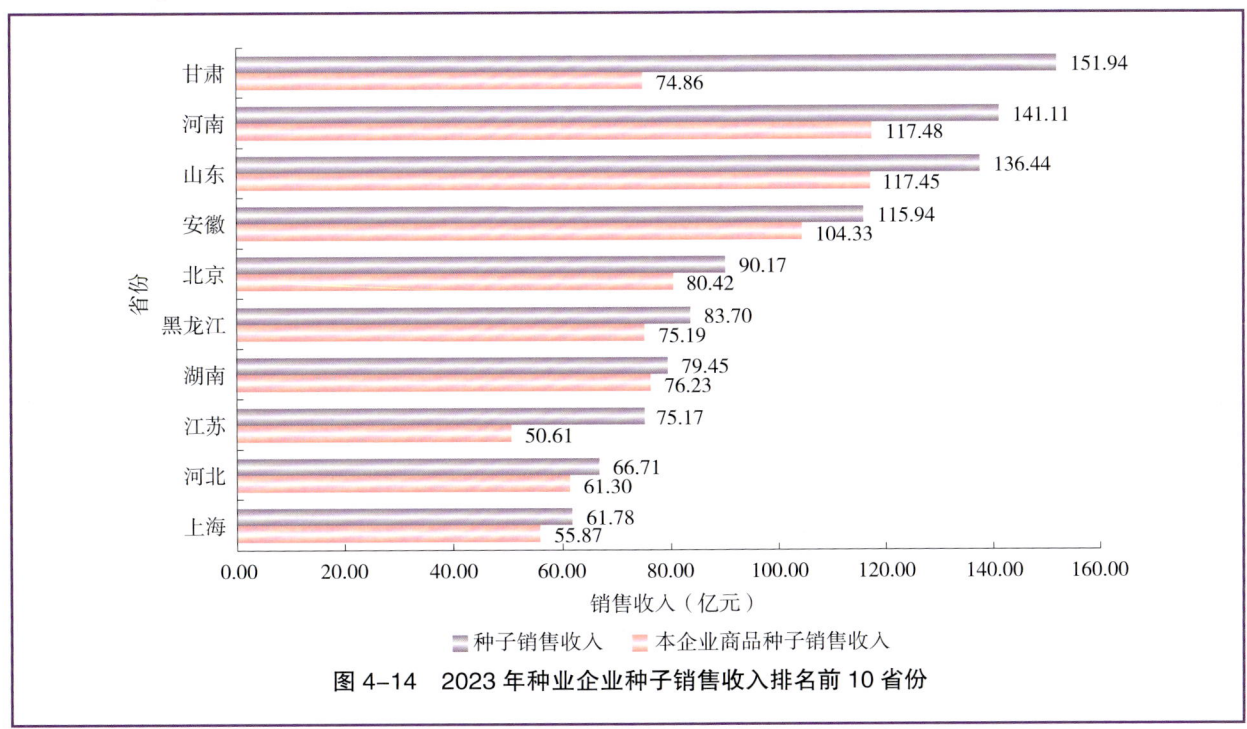

图 4-14　2023 年种业企业种子销售收入排名前 10 省份

各地种业企业利润比较，甘肃种业企业利润总额、净利润总额和种子经营利润均位居各省份之首，分别为 15.91 亿元、14.62 亿元和 14.11 亿元；海南种业企业种子销售利润位居各省份之首，为 43.37 亿元（图 4-15）。

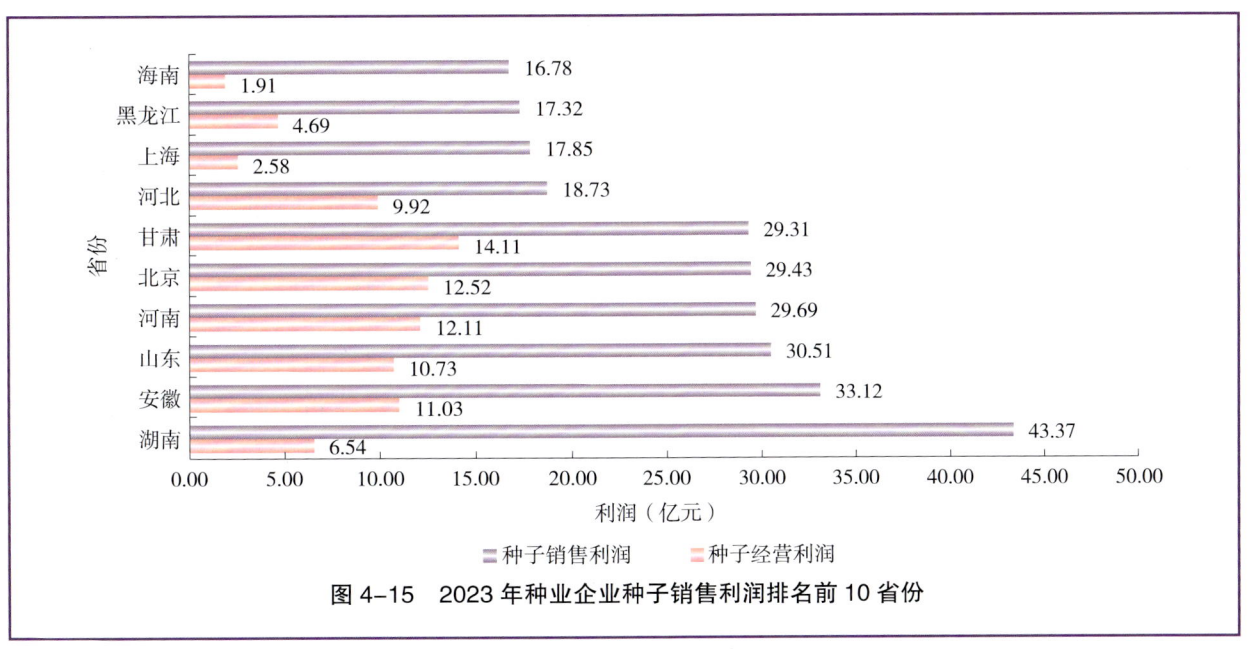

图 4-15　2023 年种业企业种子销售利润排名前 10 省份

第五篇　种业管理与服务

2023年，全国各级种业管理服务机构紧紧围绕种业振兴重点任务，上下协同、通力合作，在品种管理、市场监管、供种保障、信息服务、南繁建设等方面采取多项有力措施，促进了产业快速发展，营造了良好的发展环境。

一、管理体系

（一）管理服务机构设置情况

1. 行政单位（机构）设置情况

截至2023年年底，全国有30个省份设置种业相关行政处室，只有山东仍由种子管理站承担所有工作。行政处室的设置主要分为三种情况：一是单独设置"种业管理处""种业发展处"等，包括北京、天津、山西、内蒙古、辽宁、吉林、黑龙江、上海、江苏、安徽、福建、江西、河南、湖北、湖南、广东、广西、海南、重庆、四川、贵州、云南、甘肃、青海、新疆25个省份；二是"种植业和种业管理处"合署办公，包括河北、浙江和陕西3个省；三是包含在"种植业管理处"内部，包括宁夏和西藏2个自治区。

2. 事业单位（机构）设置情况

省级层面：主要是两种情形，一是单独设立独立法人机构的24个省份及新疆兵团，包括设置为"种子（服务、总）站"的北京、河北、吉林、江苏、浙江、安徽、福建、山东、湖南、广西、海南、重庆、四川、贵州、云南、甘肃、陕西、青海、宁夏等19个省份，黑龙江设置为"种业技术服

务中心"，山西、河南、新疆设置为"种业发展中心"，湖北设置为"种子管理局"。二是种业职能并入相关事业单位的7个省份，天津农业发展服务中心内设种子部、内蒙古自治区农牧业技术推广中心内设种业发展处、辽宁省农业发展服务中心内设种业发展中心、上海市农业技术推广服务中心内设种子科、江西省农业农村产业发展服务中心内设种业服务处、广东省农业技术推广中心内设种植业技术与种业推广部、西藏自治区农业技术推广服务中心内设种子站。

地市级层面：从全国看，地市级区划共有403个，其中，其独立法人机构形式存在的种子站仅139个，占比34.49%；陕西、甘肃、福建和云南4省地级市独立法人种子机构占比80%以上，西藏、辽宁、山东、江西、海南、天津和上海7个省份无地市级独立法人种子站。与2022年相比，西藏新增填报5个地市级数据，云南新增西双版纳填报，陕西杨陵区未纳入填报；河南地级机构变动最大，2023年平顶山市、濮阳市、三门峡市、商丘市和济源市不再有独立法人形式种子站，其余地区地级市独立法人种子站形式构成情况基本未变。各省份地市级独立法人种子机构情况见表5-1。

表5-1 各省份地市级独立法人种子站形式机构情况

省份	2023年			2022年		
	地级区划总数（个）	独立法人种子站形式机构数（个）	占比（%）	地级区划总数（个）	独立法人种子站形式机构数（个）	占比（%）
总计	403	139	34.49	397	140	35.26
陕西	10	9	90.00	11	9	81.82
福建	9	8	88.89	9	9	100.00
甘肃	14	12	85.71	14	11	78.57
云南	16	13	81.25	15	13	86.67
新疆	13	10	76.92	13	9	69.23
河北	13	10	76.92	13	10	76.92
河南	18	12	66.67	18	17	94.44
四川	21	14	66.67	21	14	66.67
广西	14	9	64.29	14	9	64.29
吉林	10	5	50.00	10	5	50.00
贵州	9	4	44.44	9	3	33.33
湖北	13	5	38.46	13	5	38.46
湖南	14	5	35.71	14	4	28.57
广东	21	5	23.81	21	2	9.52
江苏	13	3	23.08	13	3	23.08
宁夏	5	1	20.00	5	1	20.00
安徽	16	3	18.75	16	4	25.00
北京	13	2	15.38	13	2	15.38
青海	8	1	12.50	8	1	12.50

(续表)

省份	2023年			2022年		
	地级区划总数（个）	独立法人种子站形式机构数（个）	占比（%）	地级区划总数（个）	独立法人种子站形式机构数（个）	占比（%）
重庆	38	4	10.53	37	6	16.22
浙江	11	1	9.09	11	1	9.09
山西	11	1	9.09	11	0	0.00
内蒙古	12	1	8.33	12	1	8.33
黑龙江	13	1	7.69	13	0	0.00
西藏	5	0	0.00	-	-	-
辽宁	14	0	0.00	14	1	7.14
山东	16	0	0.00	16	0	0.00
江西	11	0	0.00	11	0	0.00
海南	3	0	0.00	3	0	0.00
天津	10	0	0.00	10	0	0.00
上海	9	0	0.00	9	0	0.00

县级层面：2 466个县级区域中，独立法人种子机构有672个，占比27.25%，较地市级全国平均水平低7.24个百分点。各省份县级独立法人种子机构情况见表5-2。

表5-2　各省份县级独立法人种子机构情况

省份	2023年			2022年		
	县级区划总数（个）	独立法人种子站形式机构数（个）	占比（%）	县级区划总数（个）	独立法人种子站形式机构数（个）	占比（%）
总计	2 466	672	27.25	2 464	685	27.80
甘肃	83	67	80.72	82	65	79.27
新疆	89	60	67.42	88	58	65.91
福建	67	44	65.67	67	43	64.18
云南	129	83	64.34	129	85	65.89
广西	106	53	50.00	106	51	48.11
四川	178	86	48.31	178	63	35.39
陕西	100	45	45.00	101	49	48.51
青海	24	9	37.50	24	9	37.50
湖南	114	36	31.58	113	28	24.78
安徽	103	28	27.18	100	27	27.00
河北	148	39	26.35	150	31	20.67
河南	166	39	23.49	163	80	49.08

(续表)

省份	2023年			2022年		
	县级区划总数（个）	独立法人种子站形式机构数（个）	占比（%）	县级区划总数（个）	独立法人种子站形式机构数（个）	占比（%）
宁夏	22	4	18.18	21	4	19.05
湖北	77	14	18.18	80	19	23.75
江苏	77	14	18.18	77	17	22.08
贵州	90	16	17.78	90	18	20.00
浙江	84	9	10.71	84	10	11.90
广东	125	12	9.60	125	10	8.00
黑龙江	95	6	6.32	95	6	6.32
内蒙古	88	3	3.41	87	4	4.60
江西	98	3	3.06	98	1	1.02
山东	138	2	1.45	140	1	0.71
辽宁	85	0	0.00	88	3	3.41
山西	116	0	0.00	114	3	2.63
吉林	49	0	0.00	49	0	0.00
海南	15	0	0.00	15	0	0.00

县级机构中属于独立法人种子站形式比例最高的是甘肃，其占比达到80.72%；县级机构超过100个的10个省份中，云南县级独立法人种子站机构比例最高，达到64.34%，其次是广西、四川和陕西，占比都高于45%，山西县级机构中已经没有独立法人形式的种子站；县级机构数量为50~100个的省份中，黑龙江、内蒙古和江西以独立法人种子站占比不到10%，辽宁县级机构中已经没有独立法人形式的种子站。和2022年相比，县级机构中独立法人的种业事业单位变化最大的是河南，其余地区变动不大。超过100个县级机构的11个省份中，云南县级独立法人种子站机构比例比2022年降低1.55个百分点，广西和四川占比提高比较明显。

（二）种子管理体系的职能分工

种业管理服务体系主要有17项职能，包括：种子生产经营许可管理、种子生产经营备案管理、种子市场监管、种质资源管理、种子储备管理、品种审定管理、引种备案管理、品种区试工作、品种登记工作、植物新品种保护工作、种子质量监督检验、品种展示评价、种子供需调度、种子市场监测、种业统计分析、南繁基地建设管理和种子基地建设管理。

1. 种子生产经营许可管理

省级层面。单一部门负责的有10个省份，山西由行政审批处负责，天津、江苏、湖南、广东和甘肃5地由种业管理处负责，贵州和广西由种子站负责，湖北由种子管理局负责，西藏由农业技术推广服务中心负责。多部门协同的有21个省份，其中，辽宁、山东和福建由行政审批处负责，种业管理处、种子站（中心）协助；北京、河北、内蒙古、吉林、黑龙江、上海、浙江、安徽、江西、河南、海南、四川、重庆、云南、陕西、青海、宁夏和新疆等18个省份由种业（种植业）处负责，种子站（中心）、农技（业）中心协助。

地市级层面。60%由农业农村部门内设行政机构负责，14.4%由综合行政审批部门负责，9.6%由种子站（中心）负责，3.9%由事业性质单位负责，1.2%由农业执法大队负责，0.3%由其他类型单位负责，10.5%没有明确负责单位。

县级层面。51.1%由农业农村部门内设行政机构负责，19.3%由综合行政审批部门负责，11.0%由种子站（中心）负责，7.6%由事业性质单位负责，4.6%由农业执法大队负责，1.2%由其他类型单位负责，5.2%没有明确负责单位。

2. 种子生产经营备案管理

省级层面。单一部门负责的有12个省份，天津、内蒙古、黑龙江、江苏、湖南和广东6地由种业管理处负责，福建、山东、广西和贵州4地由种子站负责，湖北由种子管理局负责，西藏由农业技术推广服务中心负责。多部门协同的包括19个省份，北京、河北、山西、辽宁、吉林、上海、浙江、安徽、江西、河南、海南、四川、重庆、云南、陕西、甘肃、青海、宁夏和新疆，均由种业（种植业）处负责，种子站（中心）、农技（业）中心协助。

地市级层面。55.6%由农业农村部门内设行政机构负责，1.8%由综合行政审批部门负责，19.5%由种子站（中心）负责，7.8%由事业性质单位负责，4.8%由农业执法大队负责，0.3%由其他类型单位负责，10.2%没有明确负责单位。

县级层面。54.3%由农业农村部门内设行政机构负责，4.1%由综合行政审批部门负责，17.8%由种子站（中心）负责，13.4%由事业性质单位负责，7.8%由农业执法大队负责，1.3%由其他类型单位负责，1.3%没有明确负责单位。

3. 种子市场监管

省级层面。单一部门牵头负责的有8个省份，黑龙江和内蒙古由种业管理处负责，河北由种植业处负责，天津和上海由农业综合执法总队负责，湖北、广西和贵州3地由种子站（中心、种子局）负责。多部门协同的有23个省份，其中，福建和青海由农业综合执法部门负责，种子站协助；北京由农业综合执法总队负责，种业管理处协助；山西、辽宁、吉林、江苏、浙江、安徽、江西、山东、河南、湖南、广东、海南、重庆、四川、云南、西藏、陕西、甘肃、宁夏和新疆20个省份由种业（种植业）处负责，种子站（中心）、农技（业）中心协助。

地市级层面。56.2%由农业农村部门内设行政机构负责，12.0%由种子站（中心）负责，4.2%由事业性质单位负责，24.9%由农业执法大队负责，2.7%没有明确负责单位。

县级层面。49.5%由农业农村部门内设行政机构负责，0.1%由综合行政审批部门负责，11.5%由种子站（中心）负责，7.6%由事业性质单位负责，27.2%由农业执法大队负责，1.9%由其他类型单位负责，2.2% 没有明确负责单位。

4. 种质资源管理

省级层面。单一部门负责的有 11 个省份，天津、内蒙古、黑龙江和湖南 4 地由农业农村部门负责，山东、湖北、广西、贵州、西藏和青海 6 地由种子站（中心）、农技（业）中心负责，河北由省级农业科研机构负责。多部门协同的有 20 个省份，其中，广东由种业管理处负责，省级农业科研机构协助；上海由种业管理处负责，农技中心协助；北京、山西、辽宁、吉林、江苏、浙江、安徽、福建、江西、河南、海南、重庆、四川、云南、陕西、甘肃、宁夏和新疆 18 地由种业（种植业）处负责，种子站（中心）协助。

地市级层面。62.2% 由农业农村部门内设行政机构负责，20.1% 由种子站（中心）负责，12.3% 由事业性质单位负责，1.5% 由农业执法大队负责，0.3% 由其他类型单位负责，3.6% 没有明确负责单位。

县级层面。52.4% 由农业农村部门内设行政机构负责，0.04% 由综合行政审批部门负责，17.9% 由种子站（中心）负责，16.3% 由事业性质单位负责，4.3% 由农业执法大队负责，1.0% 由其他类型单位负责，8.2% 没有明确负责单位。

5. 种子储备管理

省级层面。单一部门负责的有 12 个省份，天津、内蒙古、黑龙江、广东和西藏 5 地由种业（种植业）处负责，河北、江苏、山东、湖北、广西、云南和青海 7 地由种子站（局）负责。多部门协同的有 19 个省份，其中，湖南由种业管理处负责，储备中心协助；上海和江西由种业管理处负责，农技（业）中心协助；北京、山西、辽宁、吉林、浙江、安徽、福建、河南、海南、重庆、四川、贵州、陕西、甘肃、宁夏和新疆 16 地由种业（种植业）处负责，种子站（中心）协助。

地市级层面。49.3% 由农业农村部门内设行政机构负责，16.2% 由种子站（中心）负责，9.6% 由事业性质单位负责，1.5% 由农业执法大队负责，0.6% 由其他类型单位负责，22.8% 没有明确负责单位。

县级层面。42.8% 由农业农村部门内设行政机构负责，0.04% 由综合行政审批部门负责，14.0% 由种子站（中心）负责，11.4% 由事业性质单位负责，3.1% 由农业执法大队负责，1.1% 由其他类型单位负责，27.6% 没有明确负责单位。

6. 品种审定管理

单一部门负责的有 12 个省份，西藏由农技（业）中心负责，天津、内蒙古和湖南 3 个省份由农业农村部门负责，河北、江苏、山东、湖北、广西、贵州、云南和青海 8 个省份由种子站（局、中心）负责。多部门协同的有 19 个省份，其中，安徽由种子站负责，种业管理处协助；北京、山西、辽宁、吉林、黑龙江、上海、浙江、福建、江西、河南、广东、海南、重庆、四川、陕西、甘肃、宁夏和新疆 18 个省份由种业（种植业）处负责，种子站（中心）、农技（业）中心协助。

7. 引种备案管理

单一部门负责的有16个省份，天津、内蒙古和湖南由农业农村部门负责，西藏由农技中心负责，河北、黑龙江、江苏、浙江、福建、山东、湖北、广西、贵州、云南、青海和新疆12个省份由种子站（局、中心）负责。多部门协同的有15个省份，其中，安徽由种子站负责，种业管理处协助；北京、山西、辽宁、吉林、上海、江西、河南、广东、海南、重庆、四川、陕西、甘肃和宁夏14个省份由种业（种植业）处负责，种子站（中心）、农技（业）中心协助。

8. 品种区试工作

单一部门负责的有22个省份，内蒙古由种业发展处负责，天津、上海、江西、广东和西藏5地由农技（业）中心负责，河北、辽宁、黑龙江、江苏、浙江、福建、山东、湖北、湖南、广西、海南、贵州、云南、陕西、甘肃和新疆16个省份，都是由种子站（局、中心）负责。多部门协同的有9个省份，其中，安徽由种子站负责，种业管理处协助；青海由种子站负责，农技站协助；北京、山西、吉林、河南、重庆、四川和宁夏7个省份由种业（种植业）处负责，种子站（中心）协助。

9. 品种登记工作

单一部门负责的有19个省份，天津和内蒙古由种业管理处负责，上海、江西和西藏3地由农技（业）中心负责，河北、黑龙江、江苏、浙江、福建、山东、湖北、湖南、广西、贵州、云南、甘肃、青海和新疆14个省份，都是由种子站（局、中心）负责。多部门协同的有12个省份，其中，安徽由种子站负责，种业管理处协助；北京、山西、辽宁、吉林、河南、广东、海南、重庆、四川、陕西和宁夏11个省份由种业（种植业）处负责，种子站（中心）、农技（业）中心协助。

10. 植物新品种保护工作

单一部门负责的有14个省份，北京、天津、内蒙古、黑龙江、湖北、广东和云南7地由种业处负责，西藏由农技中心负责，河北、山东、湖南、广西、贵州和青海6地由种子站（中心）负责。多部门协同的有17个省份，其中，上海由种业管理处负责，农业综合执法总队协助；海南由种业管理处负责，海南省南繁管理局协助；山西、辽宁、吉林、江苏、浙江、安徽、福建、江西、河南、重庆、四川、陕西、甘肃、宁夏和新疆15地由种业（种植业）处负责，种子站（中心）、农技（业）中心协助。

11. 种子质量监督检验

省级层面。单一部门负责的有21个省份，广东和内蒙古由种业管理处负责，天津、上海和西藏3地由农技（业）中心负责，河北、辽宁、黑龙江、江苏、福建、山东、湖北、湖南、广西、海南、贵州、云南、陕西、甘肃、青海和新疆16地由种子站（局、中心）负责。多部门协同的有10个省份，其中，安徽和浙江由种子站负责，种业管理处协助；北京、山西、吉林、江西、河南、重庆、四川和宁夏8地由种业（种植业）处负责，种子站（中心）、农技（业）中心协助。

地市级层面。36.6%由农业农村部门内设行政机构负责，29.7%由种子站（中心）负责，18.9%

由事业性质单位负责，6.0%由农业执法大队负责，0.9%由其他类型单位负责，7.8%没有明确负责单位。

县级层面。36.7%由农业农村部门内设行政机构负责，18.8%由种子站（中心）负责，12.9%由事业性质单位负责，10.9%由农业执法大队负责，1.0%由其他类型单位负责，19.8%没有明确负责单位。

12. 品种展示评价

省级层面。单一部门负责的有22个省份，内蒙古由种业管理处负责，天津、上海、江西、广东和西藏5地由农技（业）中心负责，河北、辽宁、黑龙江、江苏、浙江、福建、山东、湖北、湖南、广西、海南、贵州、云南、陕西、甘肃和新疆16个省份都由种子站（局、中心）负责。多部门协同的有9个省份，其中，安徽由种子站负责，种业管理处协助；青海由种子站负责，农技站协助；北京、山西、吉林、河南、重庆、四川和宁夏7地由种业（种植业）处负责，种子站（中心）协助。

地市级层面。27.6%由农业农村部门内设行政机构负责，33.0%由种子站（中心）负责，30.0%由事业性质单位负责，2.1%由农业执法大队负责，1.8%由其他类型单位负责，5.4%没有明确负责单位。

县级层面。36.7%由农业农村部门内设行政机构负责，21.3%由种子站（中心）负责，24.3%由事业性质单位负责，3.2%由农业执法大队负责，1.1%由其他类型单位负责，13.4%没有明确负责单位。

13. 种子供需调度

省级层面。单一部门负责的有22个省份，内蒙古由种业管理处负责，天津、上海、江西、广东和西藏5地由农技（业）中心负责，河北、辽宁、黑龙江、江苏、福建、山东、湖北、湖南、广西、海南、贵州、云南、陕西、甘肃、青海和新疆16地由种子站（局、中心）负责。多部门协同的有9个省份，其中，安徽和浙江由种子站负责，种业管理处协助；北京、山西、吉林、河南、重庆、四川和宁夏7地由种业（种植业）处负责，种子站（中心）协助。

地市级层面。40.2%由农业农村部门内设行政机构负责，29.1%由种子站（中心）负责，22.5%由事业性质单位负责，2.1%由农业执法大队负责，0.9%由其他类型单位负责，5.1%没有明确负责单位。

县级层面。44.6%由农业农村部门内设行政机构负责，20.9%由种子站（中心）负责，20.4%由事业性质单位负责，3.4%由农业执法大队负责，1.0%由其他类型单位负责，9.9%没有明确负责单位。

14. 种子市场监测

省级层面。单一部门负责的有23个省份，内蒙古和西藏由种业管理处负责，天津、上海、江西和广东4地由农技（业）中心负责，河北、辽宁、黑龙江、江苏、浙江、福建、山东、湖北、湖南、广西、海南、贵州、云南、陕西、甘肃、青海和新疆17地由种子站（局、中心）负责。多部门协同的有8个省份，其中，安徽由种子站负责，种业管理处协助；北京、山西、吉林、河南、重庆、四川和宁夏7地由种业（种植业）处负责，种子站（中心）协助。

地市级层面。36.3%由农业农村部门内设行政机构负责，29.4%由种子站（中心）负责，21.9%由事业性质单位负责，4.8%由农业执法大队负责，1.2%由其他类型单位负责，6.3%没有明确负责单位。

县级层面。41.6%由农业农村部门内设行政机构负责，20.5%由种子站（中心）负责，17.6%由事业性质单位负责，9.4%由农业执法大队负责，1.5%由其他类型单位负责，9.4%没有明确负责单位。

15. 种业统计分析

省级层面。单一部门负责的有21个省份，内蒙古由种业管理处负责，天津、上海、江西、广东和西藏5地由农技（业）中心负责，河北、黑龙江、江苏、福建、山东、湖北、湖南、广西、海南、贵州、云南、陕西、甘肃、青海和新疆15个省份都由种子站（局、中心）负责。多部门协同的有10个省份，其中，安徽和浙江由种子站负责，种业管理处协助；北京、山西、辽宁、吉林、河南、重庆、四川和宁夏8地由种业（种植业）处负责，种子站（中心）协助。

地市级层面。36.9%由农业农村部门内设行政机构负责，32.7%由种子站（中心）负责，24.9%由事业性质单位负责，1.5%由农业执法大队负责，1.5%由其他类型单位负责，2.4%没有明确负责单位。

县级层面。45.3%由农业农村部门内设行政机构负责，0.1%由综合行政审批部门负责，23.0%由种子站（中心）负责，22.6%由事业性质单位负责，4.0%由农业执法大队负责，1.3%由其他类型单位负责，5.7%没有明确负责单位。

16. 南繁基地建设管理

省级层面。单一部门负责的有16个省份，天津、内蒙古和广东3地由种业管理处负责，新疆由海南良种繁育基地负责，西藏由省级农牧科研机构负责，河北、黑龙江、江苏、浙江、福建、山东、湖北、广西、贵州、陕西和青海11地由种子站（中心、管理局）负责。多部门协同的有15个省份，其中，安徽是种子站负责，种业处协助；湖南是种子站负责，南繁中心协助；海南是种业管理处负责，海南省南繁管理局协助，北京、山西、辽宁、吉林、上海、江西、河南、重庆、四川、云南、甘肃和宁夏12地由种业（种植业）处负责，种子站（中心）、农技（业）中心协助。

地市级层面。30.9%由农业农村部门内设行政机构负责，11.7%由种子站（中心）负责，5.7%由事业性质单位负责，0.6%由农业执法大队负责，2.4%由其他类型单位负责，48.7%没有明确负责单位。

县级层面。24.2%由农业农村部门内设行政机构负责，6.2%由种子站（中心）负责，6.4%由事业性质单位负责，1.9%由农业执法大队负责，0.6%由其他类型单位负责，60.8%没有明确负责单位。

17. 种子基地建设管理

省级层面。单一部门负责的有13个省份，天津、内蒙古、黑龙江、湖南和广东5地由种业（种植业）处负责，河北、江苏、山东、湖北、广西、贵州、陕西和青海8地由种子站（局、中心）负责。多部门协同的有18个省份，其中，浙江由种子站负责，种业管理处协助；北京、山西、辽宁、吉林、上海、安徽、福建、江西、河南、海南、重庆、四川、云南、西藏、甘肃、宁夏和新疆17地由种业（种植业）处负责，种子站（中心）、农技（业）中心协助。

地市级层面。49.9%由农业农村部门内设行政机构负责，19.2%由种子站（中心）负责，12.6%由事业性质单位负责，0.9%由农业执法大队负责，17.4%没有明确负责单位。

县级层面。39.9%由农业农村部门内设行政机构负责，14.1%由种子站（中心）负责，13.2%由事业性质单位负责，2.9%由农业执法大队负责，1.0%由其他类型单位负责，29.0%没有明确负责单位。

二、品种管理

（一）区试审定

1. 统筹推进多渠道试验有序开展

2023年，持续完善品种生态布局，优化各作物品种试验布局，制定统一试验方案，共开展5种主要农作物国家级各渠道品种试验及蚕品种试验1 900组、参试品种7 641个次、试验点次39 352个次，参试品种比2022年减少39%。统一试验344组、品种1 365个次、试验点次5 544个次，其中转基因玉米大豆品种298个次；绿色通道试验476组、品种1 830个次、试验点次12 061个次，参试品种比2022年减少38%；联合体试验1 080组、品种4 446个次、试验点次21 747个，参试品种比2022年减少41%。2023年，受理审核403个试验联合体开展试验，其中水稻135个、小麦27个、玉米228个、大豆1个、棉花12个。

2. 推进多元化品种试验审定

2023年，国家继续组织开展节水抗旱稻、耐盐碱小麦、镉低积累水稻、籽粒机收玉米、鲜食玉米、机采棉、高油高蛋白大豆等组别试验，加快绿色优质、专用特用品种试验审定进程，满足多元化需求。国家审定绿色优质品种116个次、特殊类型品种98个次，审定耐盐碱小麦品种2个、节水抗旱稻品种1个、镉低积累品种1个、高油高产大豆17个、优质棉花品种1个，为保障国家粮食安全，满足人民美好生活需求作出了贡献。

3. 统筹试验审定两级协调

引导省级品种审定委员会回归专业机构，已有21个省份将品种审定委员会办公室设在省级种子管理部门；黑龙江、江苏、广东、广西、海南、四川、云南、新疆等省份陆续制定出台了审定工作流程、品种试验管理等方面的规范化文件，修订各作物品种审定标准，细化引种备案规范性要求；

吉林、广东、重庆等省份研发上线了省级农作物品种试验信息管理平台和品种审定材料申报系统，全面提升品种试验信息化、规范化水平。

（二）品种登记

1. 严格登记审查

持续推进登记办法及指南修订，严格按照品种登记审查程序，依法严格规范品种登记入市。2023年登记品种3 085个，其中新选育品种2 737个，占比88.7%，比2022年提高6.8个百分点，国内自主选育品种占比97.9%，一批专用特用、特色优质的突破性新品种得以登记推广。

2. 加大清理力度

引入DNA指纹技术，强化品种差异性审查，全年规范品种命名90个。落实种业振兴行动市场净化重点任务，继续清理"仿种子"，全年发布品种撤销公告2批，向日葵"仿种子"清理任务基本完成。

3. 开展抽查验证

加快构建符合性验证指标体系，目前已初步完成马铃薯、油菜、甜菜、西瓜等28种作物验证指标体系构建和符合性判定标准的制定；试点开展登记品种符合性验证，会同北京、天津、河北、山西、山东等16个省份开展谷子、高粱、番茄、西瓜、甜瓜等作物登记品种符合性验证，设置验证点54个，验证品种825个次，支持北京等地及时撤销问题品种。

（三）品种保护

1. 完善种业知识产权保护法律法规体系

推进《植物新品种保护条例》（以下简称"条例"）修订，形成条例修订草案。研究讨论条例实施细则（以下简称"实施细则"），形成修订草案。推进实质性派生品种（以下简称"EDV"）制度实施，指导国家育种联合水稻、小麦、玉米、大豆攻关组内就EDV判定阈值、鉴定方法、收益分享比例、异议处理规则达成共识，签订EDV制度试点承诺书，为全面实施EDV制度积累经验。

2. 持续提升技术支撑能力

加强品种保护DNA指纹数据库建设与应用，完成水稻EDV鉴定（MNP）标准研制，采集玉米、水稻、大豆、西瓜、辣椒等作物12 475份DNA指纹，目前SSR指纹数据库共包含21种作物近5.5万份申请保护样品指纹。对7个省份、54家单位、1 061个自主测试品种进行检查，全面摸底自主DUS测试情况。发布国家标准133项、行业标准18项，审查测试标准38项。安排植物新品种权测试任务5 913份，审核测试报告5 197份，提取测试繁殖材料5 427份，发放提供无性繁殖材料通知书等审查文件2 838份。完成果树等品种现场考察324个。全年累计完成DUS测试任务近2万件。

3. 强化植物新品种保护审查服务

印发《关于农业植物新品种保护在线申请和审查工作规范（试行）的通知》，实现线上无纸化申请和审查。印发《农业植物新品种现场审查工作规范（试行）的通知》，针对社会经济价值较大

的育种技术、方法、成果等具有独创性的品种开通现场审查通道，加快审查速度，助力品种转化和运用。

4. 加快推进海南审协中心建设

召开海南自由贸易港农业植物新品保护种审查协助中心（以下简称"审协中心"）建设推进会议，研究加快推进审协中心制度、机制和人才队伍建设。赴审协中心开展现场教学和指导，推进我国农业植物新品种受理审查"南方中心"建立。全年协助完成品种权受理和初步审查4 000余件，中间事务审查62件。

5. 持续开展宣传培训工作

编著《2022年农业植物新品种保护发展报告》，编写2022年知识产权年鉴、白皮书等植物新品种保护章节，发布6期《农业植物新品种保护公报》，宣传新品种保护发展情况。举办8期品种保护和DUS测试线上线下培训班，培训学员千余人次。首次召开种业知识产权保护与运用推进行动（2023），现场开展品种权转让、许可、质押签约仪式，组织新品种权、新技术、新装备展示示范，为发挥示范辐射作用，带动区域农业结构调整、绿色发展和农民致富起到积极作用。

6. 加强国际合作和交流

起草《UPOV使用中文可行性英文报告》，参加亚洲区域植物新品种保护合作、UPOV技术工作组等会议，向UPOV报送品种信息英文数据2 335条，向东亚植物新品种保护论坛报送我国品种保护实施策略和国家报告等，加强国际合作和交流，宣传我国品种保护成就。指导上海DUS测试分中心顺利通过欧盟食用菌DUS测试质量评审，推进食用菌DUS测试国际互认。

（四）展示评价

1. 完善农作物品种展示评价体系

2023年，继续完善国家农作物品种展示评价体系，新增60个国家农作物品种展示评价点，基本形成覆盖粮棉油等主要作物和重要产区的国家农作物品种展示评价基地布局。引领全国种业系统设立新品种展示评价点1 800多个，展示新品种5.2万多个次，举办展示示范观摩活动3 300多场次，展示示范年度经费投入超过1.2亿元。

2. 首次编制发布全国农作物品种推广目录

依据品种试验、展示评价、主要品种推广面积统计和种子企业生产经营等数据，经省级种业管理部门推荐、专家遴选论证，2023年首次编制发布全国农作物品种推广目录，共推介优良品种共241个，其中水稻36个、小麦29个、玉米32个、棉花13个、大豆22个、油菜26个、花生22个、马铃薯20个、大白菜21个、结球甘蓝20个，涉及骨干型品种80个、成长型品种66个、苗头型品种64个、特专型品种31个。

3. 创新特色作物品种展示评价

围绕产业发展需求和人民美好生活需要，不断加快优良品种推广应用步伐。筛选出34个适宜在三熟制地区推广的短生育期油菜品种，面向主产区推出一批高产马铃薯、优质谷子和酿酒专用高粱品种。唱响蔬菜瓜果品种评价"四季歌"，持续举办现场观摩开放周活动，分季节推出一批优质蔬菜、瓜果品种。重点在耐盐碱、热带水果品种上抓突破，筛选出30余个耐盐碱油菜、花生、向日葵品种，鉴评选出一批好口感、高品质热带水果品种。

三、市场监管

（一）市场监管执法

1. 持续开展种业监管执法年活动

妥善处置投诉举报，全年受理涉及种子质量等投诉举报、部长信箱转办等案件线索260件，通过电话、网络平台接到各类举报咨询780多条，部级受理涉种投诉举报线索52件。2023年新受理复审案件24件，先后2次召开复审会议审理案件21件，作出复审决定16件；推动各地农业农村部门强化行政执法、市场监管、司法保护等部门协同和区域联动，建立健全案情通报、案件移送、案例交流等机制，提升监管执法效能。全年出动执法人员70万人次，累计检查门店、企业超过37万个，各地抽检种子样品8万余个，立案查处种子案件6 078件，涉案金额超7 000万元，移送司法机关处理82件。种子质量抽查合格率稳定在98%以上，持续保持较高水平。

2. 推进行政与司法保护有机衔接

农业农村部联合最高人民法院举办种业知识产权保护专题培训，推进行政执法与司法保护有机衔接，加快构建种业知识产权大保护格局。发布2023年农业植物新品种保护十大典型案例，以案释法，以案示警，强化侵权震慑。针对套牌侵权案件，各地严格执法，重拳打击，查处一批大案要案，形成了严厉打击套牌侵权、制售假劣种子等违法行为的高压态势。

（二）种子检验

1. 稳步推进种子质量检验标准制修订

基本完成"三瓜一菜"品种指纹建库，全国农作物品种DNA指纹库公共平台新增水稻、棉花DNA指纹数据2 000余份，为"仿种子"清理、"品种身份证"制度实施提供了技术支撑。立项起草《结球甘蓝品种真实性鉴定SNP标记法》等7项行业标准，报审通过《农作物品种SSR标记检测结果分析与判定规范》等12项标准，加快修订《经济作物种子 第1部分：纤维类》等3项标准，完成复审《农作物种子检验规程》《种子标签通则》《粮食作物种子 第1部分：禾谷类》《经济作物种子 第2部分：油料类》等检验质量标准，种业质量检验技术支撑逐步增强。

2. 完善提升种子质量监管能力

2023年，全国共有288家具备资质的农作物种子质量检验机构，其中275家具备发芽率、水分、净度、品种纯度等常规检测项目能力，56家具备SSR标记方法检测品种真实性项目能力，17家具备SSR标记方法检测品种纯度项目能力，36家具备转基因成分检测项目能力，10家具备马铃薯健康检测项目能力。对全国持证种子检验机构持续开展种子检验能力验证，保持和提升了种子检验技术水平，增强了质量监管支撑能力。

四、基地建设

（一）制种大县

1. 加强基地建设管理指导

组织开展制种大县奖励政策实施答辩，落实"有进有出、奖优惩劣"管理要求，对制种大县进行优化调整，完成2023年制种大县奖励政策实施方案备案。对黑龙江、山东、河南、湖南、四川、甘肃、新疆等7个省份制种大县奖励政策实施情况进行实地调研评估，及时发现指出问题，明确提出整改要求，指导各省进一步规范实施制种大县项目，更好发挥资金效益。2023年9月15日，在黑龙江五大连池召开全国种业基地建设推进会，总结交流种业振兴行动以来种业基地建设成效和经验做法，部署下一阶段种业基地建设重点任务。

2. 推进制种大县奖励政策实施

2023年，中央财政共下达资金20亿元，支持全国25个省份及新疆兵团的106个县开展制种基地建设，覆盖水稻、玉米、小麦、大豆、马铃薯、油菜、棉花等作物。其中，奖励资金为5 000万元的县4个，3 000万元的县39个，1 000万元的县63个。2023年国家级制种大县制种面积总体增长15%以上，其中，玉米、大豆等面积增长20%以上，供种保障能力进一步提升。制种大县奖励政策持续激发地方政府抓种业的积极性，推动营商环境不断优化、县企融合不断深入、全产业链条发展不断完善、利益联结机制不断强化，有效促进农民增收、企业增效、产业增强。

（二）南繁建设

2023年，《国家南繁科研育种基地（海南）建设规划（2015—2025年）》（以下简称"南繁规划"）各项工作有序推进，总体任务进度达到90%以上，《国家南繁硅谷建设规划（2023—2030年）》（以下简称"南繁硅谷规划"）印发实施，以建设南繁硅谷国家级种业创新基地为主线，全面推进各项工作。

1. 南繁基地科研育种条件不断完善

2023年，南繁保护区符合条件区域已全面完成高标准农田建设，陵水片区南繁水利设施建设一期已竣工验收，二期工程施工进度已超30%，乐亚片区南繁水利工程已全面完成，基本解决了南繁基地灌溉问题。国家南繁工作领导小组印发了《关于加强国家南繁生物育种专区使用管理的通知》，进一步优化试验申请流程，60家获得农业农村部批准转基因试验单位进入生物育种专区开展田间试验，涉及大豆、玉米、水稻、棉花等作物。建成23万平方米核心区配套设施，湖南、山东、河南等省份南繁单位已签订认购协议或达成意向。国家农作物种质资源中转及南繁植物检疫隔离基地建设项目可研正式获批，项目勘察、设计、代管等工作正式启动。

2. 南繁硅谷国家创新基地建设稳步推进

出台全国首部种业地方性法规《海南自由贸易港促进种业发展若干规定》，配套制定《海南省支持种业高质量发展若干措施》《加快渔业转型升级促进海南渔业高质量发展若干措施》，聚焦种质资源保护利用、育种创新、境外引种通关便利等需求，为海南种业发展提供有力法治保障。建成并投入使用南繁作物表型研究设施、国家野生稻种质资源圃、国家（三亚）隔检中心等平台。成立农业农村部种业管理司、科技发展中心和海南省农业农村厅三方联合工作小组，明确海南自由贸易港农业植物新品种审查协作中心工作定位，全年累计受理近4 000件品种权申请。引进中国科学院、中国农业科学院、中国热带农业科学院等12家科研机构和8家重点涉农高校，建立院士工作站7个，院士团队创新中心2个，认定南繁领域人才833人（全职675人、柔性引进158人）。国投种业、大北农、隆平生物等国内种业龙头企业落户崖州，南繁种业关联企业注册约2 800家，市场主体加快引进和培育。一批"揭榜挂帅"项目相继启动，2023年南繁种业产值突破120亿元。

3. 南繁管理服务质量明显提升

上线全国首个南繁综合性服务平台，基本实现了以"一张网、三板块、多应用"为核心框架的南繁业务高效管理与服务，完善南繁用地线上管理系统，完成覆盖南繁核心区的气象观测和土壤墒情站建设。组织修订《海南省南繁登记办法》，对登记内容、登记流程等进行修订，进一步规范南繁活动。海南省农业、交通、运输等相关部门联合印发了《海南省农作物种子调运管理工作方案》，首次实现了行业主管部门和交通运输部门、邮政、铁路、机场共同规范南繁种子调运管理工作，对海口、三亚、陵水、乐东等7个市县的2个机场、3个码头、50多家快递物流点开展专项检查活动。组织开展了覆盖全域南繁基地有害生物调查防控工作，基本摸清南繁区域检疫性有害生物及重大病虫害的底数，进一步织密南繁生物安全防护网。出台《海南省南繁种业合同研发组织（CRO）认定管理办法（试行）》，认定了一批科研服务型和田间综合服务型南繁种业合同研发组织（CRO）。新增检疫员20余名，在全国率先了实现在乡镇配备兼职检疫员协助开展植物检疫、信息核查的工作模式。举办首届全国南繁育种技能大比武，南繁技能人员带动海南农民工育种技能提升，推动打造"南繁种农"劳务品牌。

（三）种子储备管理

组织落实2024年国家救灾备荒储备种子任务，其中救灾类种子1 000多万千克，备荒类种子4 000万千克。密切关注各地自然灾害发生和供种短缺情况，先后动用国家储备种子9批次470多万千克，涵盖山东、江西、四川等重要粮油产区，有力保障了农业救灾用种需求。开展2次储备种子专项检查，查处了一批违法违规承储企业，并取消承储资格，确保救灾备荒种子质量合格、储备数量充足、任务落实到位、管理严格规范。实现省级储备全覆盖，每年省级储备种子5 000多万千克，初步形成了国家储备与省级储备相互补充、协调配合的两级储备体系。

五、信息服务

（一）种业统计

1. 完善统计指标、提升数据的准确性与时效性

修订《全国农作物与畜禽种业统计调查制度》，并报国家统计局备案，升级完善农作物种业统计系统，优化报表设置，完善勾稽关系和填报约束条件，提升统计指标和数据填报的准确性与时效性；丰富农作物种业发展报告的内容框架，及时编印出版种业发展报告和数据统计手册。组织举办1次全国培训班，10余次省级培训班，线上线下累计培训超150万人次，不断提高种业统计工作水平，有效支撑了种业管理决策和行业生产经营，夯实了种业振兴数据基本盘。

2. 深化行业发展研究

组织开展种业企业发展指数、企业竞争力、种业安全、阵型企业等专项课题研究，撰写专业分析报告10余篇，为种业行业发展趋势研判、种业强国建设提供了坚实的信息支撑。

（二）种子市场监测

1. 进一步完善监测体系

新增国家级种子市场观察点122个，退出113个观察点，各级种子市场观察点达1 600余家，涵盖31个省份及新疆兵团、1 000多个县，市场监测网络更加完善，监测信息的时效性、准确性与代表性不断提高。市场监测逐步建成以国家种子市场观察点为基础、省级种子市场观察点为补充、专题市场研究组为拓展的监测体系。

2. 不断提升监测预警能力

在春夏播、秋冬种关键用种时期，及时发布种子市场行情与价格信息，全年收集动态数据101万多条，发布种情通报200余期。持续发布全国玉米、水稻、小麦三大主粮作物种子价格指数，全面系统反映全国三大主粮作物种子价格的总体水平、变动幅度、升降趋势，为管理决策、生产指导、稳定市场提供全面、及时、准确的信息支撑。

（三）种子产供需

1. 强化种子产供需调度分析

按照"稳面积、稳产量，扩大豆、扩油料，提单产、提自给率"总体部署，紧盯重点作物、主要区域、关键农时，在现有制种基地和种业企业调度数据的基础上，新增生产备案和市场研究组数据校准分析，形成双调度+双校准+专家会商的工作机制，种子供需形势研判准确性不断提升。

2. 做好种子应急保障和余缺调剂

针对冬小麦繁种收获期间遭遇罕见"烂场雨"灾情，建立分省到县调度工作机制，加强灾情评估和供需研判，全面摸清受灾种子数量和品种结构。紧盯8个重点省份和重点企业，积极对接协调落实种源，指导地方做好小麦种子收储和质量监测，强化种源调度和余缺调剂。第一时间发布小麦种子供求与价格信息，回应社会关切，全力保障秋播小麦用种安全。

六、行业协会服务

（一）完善信用体系建设，加强行业自律

中国种子协会收集分析近300家信用企业经营数据，形成《信用企业发展报告（2022）》。组织评审118家企业信用等级，监督361家信用企业的信用动态，撤销1家销售真实性不符的种子企业信用等级，向1家以"多运少检"方式逃避检疫的企业发出整改督促函，通过信用建设引导企业诚信经营，发挥行业自律作用。

（二）积极搭建交流平台，促进国内外种业合作

2023年，中国种子协会在海南举办2023中国种子大会暨南繁硅谷论坛，国内外行业管理、科研及企业等有关人员3 000余人参加。中国种子贸易协会与北京市农业农村局等共同主办第三十届北京种业大会，与国家西甜瓜产业技术体系、崖州湾科技城管理局联合主办首届中国（海南）国际西甜瓜产业发展大会，促进产业发展。两个协会向国际种子联盟（ISF）推荐了14位中国代表入选ISF协调组、咨询组、沟通宣传专家组，组织会员参加2023年亚洲种子大会、世界种子大会、美国大田作物种子大会等种业国际会议，促进国际交流合作。

（三）围绕会员需求，积极开展服务

中国种子协会举办法律培训班，普及种业法律知识，提高企业法律运用能力，帮助企业解决法律纠纷，维护企业合法权益；加强行业动态分析，形成《农作物种业科企合作研究报告》，与农民日报社联合评选发布"中国种业十件大事"。中国种子贸易会组织2期线下、3期线上农作物种子（苗）进出口政策培训班，培训1 300人次，提升企业进出口业务能力；组织召开"农作物种子进口免税意见征集线上会"等座谈和调研活动，为种业企业在办理进口免税环节提供便利。

附　录　名词注释及说明

第二篇：

1. 种业专利：指涉及农作物育种、种子（苗）处理、种植、种子（苗）加工机械设备等相关的专利。

2. 传统育种：指利用杂交技术将不同但通常近缘关系比较近的物种的理想性状组合成新的品种，也指用诱变育种等获得新品种的育种技术。

3. 现代育种：指基因工程育种。

4. 种业加工：也叫种业机械加工，是指种子脱粒、精选、干燥、精选分级、包衣、包装等机械化作业。

5. 专利合作条约（Patent Cooperation Treaty，PCT）：是专利领域的一项国际合作条约。通过PCT，申请人只需提交一份"国际"专利申请（而不是分别提交多个不同国家或地区的专利申请），即可请求多个国家同时对其发明进行专利保护。

6. 保护工业产权巴黎公约（Paris Convention for the Protection of Industrial Property）：简称"巴黎公约"，是由多个国家组成的国际组织，该组织内的成员国约定，在任何一成员国申请专利后的12个月内，可以要求该专利申请的优先权，并直接在该组织其他成员国内申请专利。

7. 影响因子（Impact Factor，IF）：即某期刊前两年发表的论文在该报告年份（JCR year）中被引用总次数除以该期刊在这两年内发表的论文总数，这是一个国际上通行的期刊评价指标。

8. 国际植物新品种保护联盟（International Union for the Protection of New Varieties of Plants，UPOV）：是基于"国际植物新品种保护公约"建立的一个政府间国际组织，总部设在瑞士日内瓦，其职责是

"建立和推行一个有效的植物品种保护系统，鼓励培育植物新品种，造福社会"，现有 76 个成员，我国于 1999 年成为 UPOV 第 39 个成员。

第三篇

1. 制（繁）种面积：指统计年度作物种子生产收获面积。

2. 用种面积：在参考国家统计局播种面积的基础上，结合体系调度、企业调研和行业研判确定的评价统计年度内相应作物大田种植面积的指标。

3. 亩用种量：单位种植面积以亩计时相应作物所需的种子使用量，1 亩约为 667 平方米。

4. 种子商品化率：生产者使用的种子总量中来源于市场的种子所占比例，是与农民自留种相对应的概念，用于评价种子市场化程度的指标。

5. 种子使用量：指统计年度生产者使用的种子总量，农作物种子的需求量由农作物的播种面积、单位面积播种量决定。

6. 商品种子使用量：指统计年度生产者使用的种子总量中来源于市场的种子量，用于评价种子市场化程度的指标。

7. 商品种子价格 / 种子市场价格 / 种子市场零售价格：同一组概念，指农民购买单位规格的种子所需要支付的货币量。

8. 种子市值 / 种子市场规模 / 全国种子市场总规模 / 种子市场 / 种子市场价值：同一组概念，用于评价统计年度内种子市场理论上可以实现的销售价值最大规模，即市场容量。由于种子行业的特殊性，供应端较分散，而且存在库存、中间商、代理商等难以测算的影响因素，所以本报告从需求端即终端消费者对商品种子的购买使用情况入手来进行测算，由用种面积、亩用种量、种子商品化率和种子市场价格相乘所得。

第四篇

1. 企业数量：统计年度年末，持有效农作物种子生产经营许可证且实际在经营的种子企业。

2. 以繁制种为主企业 / 以销售为主企业：指代繁制种子销售收入（销售其他企业种子收入）占种子销售收入的比例达 50% 及以上的企业。

3. 企业总资产：指企业拥有或控制的全部资产。包括流动资产、长期投资、固定资产、无形及递延资产、其他长期资产、递延税项等，即为企业资产负债表的资产总计项。

4. 企业固定资产：指企业为生产产品、提供劳务、出租或者经营管理而持有的、使用时间超过 12 个月的，价值达到一定标准的非货币性资产，包括房屋、建筑物、机器、机械、运输工具以及其他与生产经营活动有关的设备、器具、工具等。企业固定资产净额：指企业的固定资产原价减去累计折旧、固定资产减值准备后的金额。为更真实的反应企业固定资产实际情况，本报告中固定资产的计算指标采用的是固定资产净额指标。

5. 企业净资产：是指企业的资产总额减去负债以后的净额，它由两大部分组成，一部分是企业开办当初投入的资本，包括溢价部分，另一部分是企业在经营之中创造的，包括资本公积，盈余公积，未分配利润等，也包括接受捐赠的资产。

6. 种子销售收入：统计年度内，种子企业填报的通过种子（苗）获得的收入金额，在本报告的统计体系内，该指标由国内销售本企业商品种子收入、国内销售其他企业商品种子收入、国内代繁制种子销售收入、国内销售自有品种繁育种苗收入、国内销售其他企业品种繁育种苗收入、出口种子销售收入加和所得。由于存在种子种苗上下游企业间的交易，所有企业销售收入之和会大于实际数额。

7. 代制（繁）种子销售收入：统计年度内，指本企业受他人委托为其繁制种，所获种子以原材料方式销售给委托企业所得收入。

8. 商品种子销售收入：统计年度内，种子销售收入中扣除代繁制种子销售收入的部分，即国内销售本企业商品种子收入、国内销售其他企业商品种子收入国内销售自有品种繁育种苗收入、国内销售其他企业品种繁育种苗收入、出口种子销售收入加和所得。

9. 国内销售本企业商品种子收入：本企业商品种子是指商品种子包装袋上的标签标注为本企业，依据种子法本企业需对其质量负责的种子，种子企业在国内销售该类型种子所得收入即为国内销售本企业商品种子收入、国内销售自有品种繁育种苗收入的加和。

10. 销售其他企业的商品种子收入：统计年度内，种子企业填报的销售由其他企业标签并对其质量负责的种子所得收入。种子企业销售其他企业的商品种子收入即为国内销售其他企业商品种子收入与国内销售其他企业品种繁育种苗收入的加和。

11. 转为商品粮种子销售收入：指种子不作为种子而是作为普通粮油产品进行销售所得的收入。

12. 种子企业利润/种子经营利润/种子销售利润/种子企业净利润/种子经营净利润/种子经营盈利状态：参考《企业会计准则——基本准则》（2014 年修订版）第 8 章关于"利润"的规定，净利润是指在利润中按规定交纳了所得税以后公司的利润留存，一般也称为税后利润或净收入。种子企业利润和种子企业净利润是指种子企业通过企业经营业务所实现的利润和净利润。种子经营利润和种子经营净利润特指种子企业经过种子生产经营业务所实现的利润和净利润，种子销售利润是指种子企业通过种子销售实现利润（也叫种子销售毛利），种子经营盈利状态是指通过种子生产经营业务产生的利润值大于 0 的状态。

13. 行业利润率：即种子经营利润率，指种子经营利润与种子业务收入的比值。

14. 净资产收益率：指种子企业净利润与种子企业净资产的比值。

15. 企业科研投入/企业自主投入/财政项目投入/非财政资金投入：包括本企业科研人员的费用（含差旅费）、直接用于研发的土地租金及其设施设备费用、研发仪器设备购置费、研发成果的试验、检测及评审验收费用、科研院所或其他企业的合作研究费用、财政研发项目配套费用。按费用来源分：企业自主投入、财政项目对本企业投入、非财政资金对本企业的合作投入。

16. 阵型企业：农业农村部办公厅发布的农作物种业阵型企业名录。

17. 各地种子企业：按省份划分的种子企业归属。

18. 职工人员/从业人员：指在统计年度末，签订劳动合同且聘期在1年以上员工数量。

19. 其他说明：①第四篇中全国种子企业数据的计算，除了涉及数量的数据包含子公司外，其他相关指标的数据计算均考虑兼并重组和母子公司报表合并情况，未纳入子公司数据；②阵型企业相关经营指标剔除母子公司同阵型企业的子公司数据，母公司不属阵型企业的子公司数据纳入计算；③育繁推一体化企业相关经营指标剔除母子公司同属育繁推企业的子公司数据，母公司不属育繁推企业的子公司数据纳入计算；④各地种子企业按属地划分，相关指标计算未剔除子公司数据，故各地企业各类指标数据加和不等于全国企业的各类指标数据。